HSU

WHAT IF
DR. HIDEKI YUKAWA WAS
THE DEAN OF
FACULTY OF FUTURE INDUSTRY?

幸福の科学大学

もし湯川秀樹博士が「未来産業学部長」だったら何と答えるか

Ryuho Okawa

大川隆法

まえがき

未来産業学は、何としても日本が力を入れなくてはならない分野である。今回、自らの非力《ひりき》を十分に認識しつつも、その重要性をあえて強調した。

『もし湯川秀樹博士が幸福の科学大学「未来産業学部長」だったら何と答えるか』は、実際に、日本人初のノーベル賞受賞者・湯川秀樹博士が、当会の大学の理系分野に協力して下さると約束して頂いた上で成立した本である。

何か面白いものを創り出してみたい。世界で初めての研究成果を挙げてみたいと思っている。

本文中にあるように、「ゴッドパーティクル」（神の素粒子）と呼ばれる「ヒッグス粒子」の存在（二〇一三年ノーベル物理学賞）を、私は一九八〇年代に既に予言している。宗教は万学の祖なのである。あくまでも開かれた社会をつくりたい。そのための夢の力となって奉仕したいと思う。

二〇一四年　二月二十五日

幸福《こうふく》の科学《かがく》グループ創始者兼総裁《そうししゃけんそうさい》
幸福《こうふく》の科学大学創立者《かがくだいがくそうりつしゃ》　大川隆法《おおかわりゅうほう》

もし湯川秀樹博士が幸福の科学大学
「未来産業学部長」だったら何と答えるか

目次

もし湯川秀樹《ゆかわひでき》博士が幸福の科学大学「未来産業学部長」だったら何と答えるか

二〇一三年十二月三日　収録
東京都・幸福の科学総合本部にて

3

戦争を抑止《よくし》するための「ロボット開発」　59

4

光エネルギーを物質に変換《へんかん》できるか　

5 「物理が苦手な人」へのアドバイス　108

もし湯川秀樹博士《ゆかわひでき》が幸福の科学大学「未来産業学部長」だったら何と答えるか

二〇一三年十二月三日　収録
東京都・幸福の科学総合本部にて

1 湯川《ゆかわ》博士の霊指導《れいしどう》を受けて質問に答える

司会　本日は、「もし湯川秀樹《ゆかわひでき》博士が『未来産業学部長』だったら何と答えるか」と題し、大川隆法総裁から、質疑応答形式で幸福の科学大学に関する法話を賜《たまわ》ります。

大川隆法　何とも怪《あや》しげな題ではありますが、「もしドラ」風《ふう》と言えば、そういうものかと思います。

大学をつくるに当たり、理系のほうの責任を取る立場にいる職員たちが、上司がいない不安な雰囲気《ふんいき》を漂《ただよ》わせていますので、かすかな努力ではありますが、

「もし、『探偵《たんてい》ガリレオ』ではないほうの、本物の湯川博士が生きていたとして、幸福の科学大学の未来産業学部長を引き受けてくださり、赴任《ふにん》してきたとしたら、どんなご指導をなされるだろうか。物事の考え方や筋《すじ》などを、どのようにお考えになるだろうか」という「イフ」を考えてみることにしました。

湯川秀樹博士については、二〇一二年二月に、実際に霊言《れいげん》を録《と》っていますが（『湯川秀樹のスーパーインスピレーション』〔幸福の科学出版刊〕参照）、前回とは少し立場が違《ちが》い、今回は、「大学を設立する」という前提のものですので、運営面でいろいろと悩《なや》んだり、見通しについて考えたり、あるいは、未来の研究について訊《き》いてみたいことがあったりと、いろいろあるのではないでしょうか。

そこで、ストレートな「霊言」というかたちで

『湯川秀樹のスーパーインスピレーション』
（幸福の科学出版）

はありませんが、湯川博士に霊的《れいてき》なご指導を仰《あお》ぎながら、諸般《しょはん》の情勢を考えた上でのお話というようなかたちでさせていただくことにします。

文系出身で、文系科目さえ忘れてしまっているような方々にとっては、もはや遠い世界だと思いますが、私も似たようなものですので、「専門知識がほとんどない状況《じょうきょう》で理系の話をするとどうなるか」という〝文明実験〟でもあるでしょう。

ただ、湯川博士は、未来の科学などについて、常に考えておられるとは思われますので、そういうものを受けるところがあれば、インスピレーションを降ろすような仕事をなされているのではないでしょうか。

したがって、当会が強く希望していれば、そういう考え方は出てくるのではないかと考えます。

では、何でもご質問いただいて構いません。昨日《きのう》は、「できるだけバカな質問をしてください」ということで、質疑応答形式の説法《せっぽう》を行いましたが（『未来にどんな発明があるとよいか』〔幸福の科学出版刊〕参照）、今日は、あまり〝バカすぎる〟と、多少怒《おこ》られる可能性はあるかもしれません。

ただ、まだ大学開学前ですので、何か疑問に思っていることや考えていること、あるいは、「こんなことは可能だろうか」などと、いろいろと頭をよぎっている理科系的〝煩《ぼん》悩《のう》〟があるなら、それを吐《は》き出していただいて、湯川博士に、無駄《むだ》なものなら「無駄である」と、プスッと切ってもらうなり、「それは必要な迷いである」ということなら、それなりに言っていただく感じの答えができればよいと思っています。

では、どうぞ。

『未来にどんな発明があるとよいか』（幸福の科学出版）

2 食料問題は、こうすれば解決できる

「可能性の芽」を研究していくなかにニーズはある

司会　それでは、質問のある方は挙手願います。

A――　本日は尊い機会を賜《たまわ》り、ありがとうございます。
最初の質問で、未来産業学部の「次の展開」についての質問をするのは、少し失礼になるかもしれませんが、未来産業学部の「次の発展構想」として、生物・農学などの食産業系を考えております。

例えば、植物工場等は、初年度より、信者企業《きぎょう》などのお力も借りて進めていこうと思っているのですが、こちらはまだ、流通や経済的にはあまり乗らない状態ですので、そういったところを、経営成功学部などと一緒《いっしょ》に取り組んでいこうかと考えております。

また、その先の構想としては、例えば、昨日、お話しいただいたなかに、ニンニクなどについてのお話がありましたが（前掲《ぜんけい》『未来にどんな発明があるとよいか』参照）、ああいったところは、「霊的《れいてき》エネルギー」と「食産業」との解明の部分もあり、宗教系の大学の理系として、研究を進めていく意義はあるかと思っております。

今日は、このような貴重《きちょう》な機会ですので、未来産業学部の「生物系」「農業系」のほうの発展構想として、何かお考えがありましたら、大川総裁から方針等を賜れればと思います。よろしくお願いいたします。

大川隆法　まだ、何ができるか、まったく分からない状況《じょうきょう》なので、予算が枯渇《こかつ》した場合には、海に入って、いろいろと調べたりするようなことも始まるかもしれません（笑）。そのあたりについては、生命力豊かに生きていくしか方法はないかと思います。

ただ、すでに大企業が商業ベースに乗せているようなもの等は、もはや手を出しても手遅《ておく》れで、間に合いません。何でも、流行《はや》ってきたものに対しては、「すでにだいたい終わっている」と見るべきでしょう。「ふきのとうの芽がちょっと頭を出した程度の、可能性の芽しか出ていないが、今後、さらなる可能性があるのではないか」と思われるものを、幾《いく》つかターゲティングし、そのなかから、開発可能性、実用可能性のあるものがないかどうかを研究していくことです。そういうことなら、ニーズはまだあると思います。

「畜産《ちくさん》の研究」は医学系統へ続く可能性がある

大川隆法　今、農業や生物系のことを訊《き》かれましたが、工学系の質問から始まると思っていたので、少し、フェイントをかけられてしまいました。ただ、そちらの話から入るとすれば、いちばん身近にあるもので言うと、やはり、「最終的には、医学部まで続いていくものになるのかもしれない」という気持ちもあるのです。

例えば、哺乳《ほにゅう》動物で人間の耳の複製をつくって移植したりするようなことが行われたり、体の組成が人間と非常に似ているということで、豚《ぶた》の臓器などを使った移植を研究したりしているものもあります。

動物系に手を出すのであれば、先行きは、そういう医学部レベルまで行くかと思います。

人間の臓器を取り出すことに関しては、当会も、脳死問題の議論の際に、いろいろと反対をしたことがありました。それは、「宗教的に見ると死の判定が非常に難しいので、まだ危険がある」というような理由からだったのですが、豚であれば、「どうせ食べられるなら、成仏《じょうぶつ》してくれ」ということで、研究することも可能でしょう。

そのように、畜産《ちくさん》も、単に、現にあるかたちでの使い方だけではなく、将来的な研究の余地も考えた上での研究をするとよいかもしれません。

したがって、農業、生物系の研究が医学系統のほうへ行く場合と、または、いわゆる食料問題解

脳死と臓器移植

幸福の科学では、心停止後24時間程度で肉体と霊体をつなぐ霊子線が切れた段階を「人の死」と捉えている。脳死段階では、まだ霊が肉体から離れていないため、この段階で臓器を取り出すと、大変な苦痛や恐怖を与え、移植先の患者への憑依現象を起こすこともある。提供者と移植患者が霊的観点を理解し、お互いに愛と感謝の心で臓器移植が成り立つ場合には許容されるが、唯物的な発想で移植を行うことには問題点が多い。また、代替手段としての人工臓器等の研究を進める必要があると考えている。(『復活の法』〔幸福の科学出版〕参照)

決のほうへ行く場合とがあってよいと思います。

研究しだいで「宗教的タブーのある食生活」を豊かにできる

大川隆法　もし、幸福の科学大学が千葉の広大な土地ですることがなかったら、動物でも飼うしかない可能性もあるでしょう。

動物系であれば、一つには、品種の改良やハイブリッド系の研究、あるいは、「どういうときに強い生物にするか」というような研究等があると思います。

インド人などは、今、人口が十億人を突破《とっぱ》していますが、牛肉は食べないし、魚も食べません。転生輪廻《てんしょうりんね》の思想があるために、「魚もおじいさんかもしれない」などと言って、食べないのです。大きな魚が川で泳いでいるのですが、それでも食べないため、けっこうな食料不足になっています。

ただ、食べないのには、ほかにも理由があり、その少し上流のほうでは死体の焼き場があって、それが流れてくることもあるので、魚を食べることで、「〝死体の一部〟を食べる」などということがあるのが怖いのかもしれません。

確かに、死体がたくさん流れてくる川で、死体をつついている魚は食べにくいかもしれません。このように、「もしかしたら、ご先祖が魚に生まれ変わっているかもしれない」などと思って食べられないようなところで、大きな魚が泳いでいる状態が、現実にあるのです。

インドのそういった理由による食料不足に対しては、例えば、養殖《ようしょく》型のものなどであれば、「いや、これは転生輪廻していない魚です」「これは、こちらで生命を注入した魚であり、タンパク源として食べても大丈夫《だいじょうぶ》です」「おたくのインド人のおじいさんは入っていません。〝日本製〟なので大丈夫ですから」というかたちで、ある程度は食料源として供給可能かと思います。

あるいは、「牛肉を食べない」ということも、こちらから見れば、まことにもったいないことだとは思いますが、現地の牛にとっては幸福なことかもしれません。しかたがないことではありますが、ヒンズー教徒は牛肉を、それから、イスラム教徒は豚肉を食べずにいます。

しかし、これも何かのヒントであり、「食料問題の解決」ということであれば、「牛と豚の定義に当たらないものをつくってしまえばよいのかもしれない」という気がするのです。

「牛でもなく豚でもない生き物にて、食料になるものをつくり出す」ということは、可能性としてはあるのではないかと思います。つまり、「ハイブリッド」です。

「牛でもなく豚でもないが、タンパク源を有しているものを、魂《たましい》的な部分と、ヒンズー教やイスラム教などの教義《きょうぎ》といった宗教的な部分に触《ふ》れないかたちで食料源とする方法はないか」というのは、宗教大学として、一つの狙《ねら》い目ではあると思うのです。したがって、ヒンズーの神々の怒《いか》りに触れず、あるいは、アッラーの怒りにも触れない食料の供給源として、「牛や豚によく似た食肉をつくり出すことができないかどうか」という研究をすればよいわけです。

それで、「牛であっても牛でないような生き物」をつくったり、豚であっても、例えば、豚にヤギの角が生えていたりすれば、「それは『コーラン』に書かれている豚ではない」ということは言えるかもしれません。

―宗教の食物禁忌(例)―

●**仏教**
肉(「三種の浄肉」は可)/ネギ類(タマネギ、ニラ、ニンニク等)

●**イスラム教**
ブタ/ロバ/ラバ/キツツキ/牙や爪のある動物(イヌ、トラ等)/死肉/アッラーの御名が唱えられなかったもの

●**ユダヤ教**
ラクダ/ウサギ/タヌキ/猛禽類(ワシ、タカ、フクロウ等)/爬虫類/羽のある昆虫/ヒレやウロコのないもの(タコ、イカ、エビ、クジラ、ウナギ、ナマズ、貝等)

●**ヒンズー教**
ウシ/ネギ類(タマネギ、ニラ、ニンニク等)

シヴァ神の乗り物である牛を神聖視するヒンズー教。

アフリカにもイスラム教徒は大勢いますが、そうした、「すでにある宗教的な戒律《かいりつ》に触れるために、食料難であっても、人々が食べられずにいる」というようなことがあるなら、これを克服《こくふく》する方法はあると思うのです。

やはり、教祖《きょうそ》の時代の食べ物の風習や、教祖の好き嫌《きら》いなどの影響《えいきょう》も、そうとうあると思いますし、暑い地域であれば物の腐敗《ふはい》等が進みやすいため、その保存方法をめぐっての注意事項《じこう》などから、そういう戒律ができてきたのではないかと、私は思っています。

そういう神の教えで、例えば、「ウロコのない魚は食べてはならない」などということであれば、ナマズは食べられないことになりますが、クリントン元大統領のふるさとのアーカンソー州では、ナマズが名物であり、ナマズの天ぷらなどがけっこう食べられていて、食料源になっています。そこで、こういう場合には、「ウロコのあるナマズ」をつくればよいかもしれません。

●ウロコのない魚　『旧約聖書』レビ記第11章「ひれとうろこのないものは、あなたがたに忌むべきものである。あなたがたはその肉を食べてはならない」

このように、宗教的タブーによって食生活が貧しくなっている場合は、「それをもう少し豊かにする方法はないか」を考えれば、一つの付加価値を生むのではないでしょうか。

人を死に至らしめることもある「食に関する宗教的タブー」

大川隆法　特に、今、インドなどに旅行すると、カレーばかり出てくるわけですが、豆カレーや野菜カレーなど、いろいろと出てくるなかに、肉としてはたまに、タンドリーチキンが少し出てきます。なぜチキンは構わないのかが、よく分からないのですが、チキンカレーだけはありえるようで、それ以外の肉のカレーは駄《だ》目《め》なのです。

例えば、新宿中村屋《しんじゅくなかむらや》のカレーがありますが、これは、「かつて、インド人のチャンドラ・ボースの仲間が中村屋に匿《かくま》われていて、その彼がカレーのつくり方を教えた」というのが、新宿中村屋のカレーの起源であり、それで、老舗《しにせ》としての値打ちがあるわけです。

しかし、インドカレーにビーフカレーは御法度《ごはっと》ですから、それは、日本人が何か〝悪さ〟をしたに違《ちが》いありません。

インド人であれば、牛肉を調理したことがある調理器具を使って、ほかのものを調理したとしても、「これで牛肉を料理した」とか「ステーキにした」などと言ったら、それで失神する人が出てくるわけです。

また、「豚肉を食べてはいけない」というところでは、「この調理器具で豚肉料理をした」と聞いたら、同じものを使ってつくられた料理を食べただけでも死んでしまうことがあります。

また、アフリカのあるところでは、「バナナが駄目だ」というところもあります。その、「バナナを食べたら死んでしまう」という信仰《しんこう》があるところであれば、

●ラス・ビハリ・ボース〈1886 ～ 1945〉インド独立運動家のスバス・チャンドラ・ボースの仲間で、日本へ亡命後、中村屋に匿われ、純インド式カレーを伝えた。

「あなたが食べたもののなかにバナナが入っていた」と言われると、本当にコロッと死んでしまう人が出てきます。そのようなことがたくさんあるのです。

このように、いろいろなタブーによって、食生活が貧しくなっている部分があります。中国人のように、何でも食べられるようなたくましさがないわけです。

世界的に注目されている次の食料源は「昆虫《こんちゅう》」

大川隆法　世界の人口が、これから、九十億人から百億人になっていこうとしていくなかにおいて、今、狙われている食料源は「昆虫《こんちゅう》」です。

「昆虫をもっと食べましょう」という運動が始まっていて、アフリカでも、アジアの地域でも、「昆虫を食べましょう」「昆虫はエネルギー効率が非常によい」と推奨《すいしょう》しています。

例えば、牛肉を一トンつくろうとする場合、飼料として、その六倍も十倍も摂《と》らないとつくれません。

しかし、昆虫というのは、自然のなかででも成長し、成虫になるまでに摂取《せっしゅ》する量が、その二倍程度でいけるといいます。

要するに、食べられる昆虫を一キロつくろうと思えば、自然界から二キログらいの餌《えさ》を入手すればつくれることになっているので、そういう意味で、エネルギー再生産としては非常に便利だというのです。

今、国際連合食糧農業機関等は、昆虫を食べる運動を始めていますが、要するに、「文化がないものは食べられないから、食文化としてつくってしまえば、食べさせることができるようになる」ということなのです。

日本でも食べる習慣のあるイナゴ

大川隆法　昔は日本でも、食料不足の時代にはイナゴを食べていました。戦争中

●国際連合食糧農業機関　国際連合の専門機関。世界各国民の生活水準の向上、食糧および農産物の生産・供給の改善に寄与する目的で設置された。

もそうですし、戦後も食べていました。

戦争が終わったのは昭和二十年ですが、実は、恥《は》ずかしながら、昭和三十一年生まれの私も、イナゴを食べたことがあります。

もちろん、食料難で食べたわけではありませんが、まだ牛肉がオーストラリアからもアメリカからも輸入できない時代ではありました。国内の農業を守るために、高い関税で輸入制限がされ、週一回も、なかなか牛肉が口に入らない時代ではあったのです。

その当時、実家には離《はな》れがあり、私がそこの留守番《るすばん》であることが多く、勉強場所として使っていたのですが、そこの庭で野菜や果物をつくっていることもあって、昆虫類もけっこう発生していたのです。

その離れは建て付けが悪く、潰《つぶ》れた工場の廃屋《はいおく》部分などは窓ガラスがたくさん割れていたため、外から虫がたくさん飛び込《こ》んでくるのです。そのなかにはイナゴもいましたが、戦争中にイナゴを食べたことがある父親は、「イナゴをどのようにすれば食べられるか」という実験をしてみせてくれ、見事に佃煮《つくだに》をつくってくれたわけです。

それで、「おお、イナゴというのは、こんな味がするのか」ということを実体験しました。

食料難による殺し合いが起こる前に「新しい食文化」を

大川隆法　今、国際連合食糧農業機関が勧《すす》めているのは、イナゴや、もちろんバッタの類《たぐい》、カブトムシの類、あとは、幼虫のような虫です。

今、飢餓《きが》人口は五億人以上いると思いますし、貧しい地域の人口は十億人以上いるはずなので、少なくとも、五億人から十億人は、食料難で苦しんでいることになります。そのため、「そういう昆虫をどんどん増やして食べよう」という研究を進めているのです。

ただ、そういうことが、すでに文化としてあるところは、非常に楽だとは思います。

例えば、チベットのあたりなどでも、木のなかから虫を出してきて、その白くて透明度《とうめいど》のある、足が生えた幼虫を、フライパン等で、油で揚《あ》げてつくる料理が最高のごちそうのようにいわれています。おそらく、山岳《さんがく》地帯ではタンパク源が少ないのでしょう。

このように、国によっては、カブトムシの幼虫のようなものを堂々と食べていますが、そう簡単に食べられるものではありません。

しかし、現実には、そうした未来がすでにそこまで来ています。

昆虫を食料としてカウントしなければ、この先、人類は食料難で死に絶えるか、あるいは、少なくとも一部では億の単位で死ぬことが分かっていますし、食料難

―世界の飢餓状況―

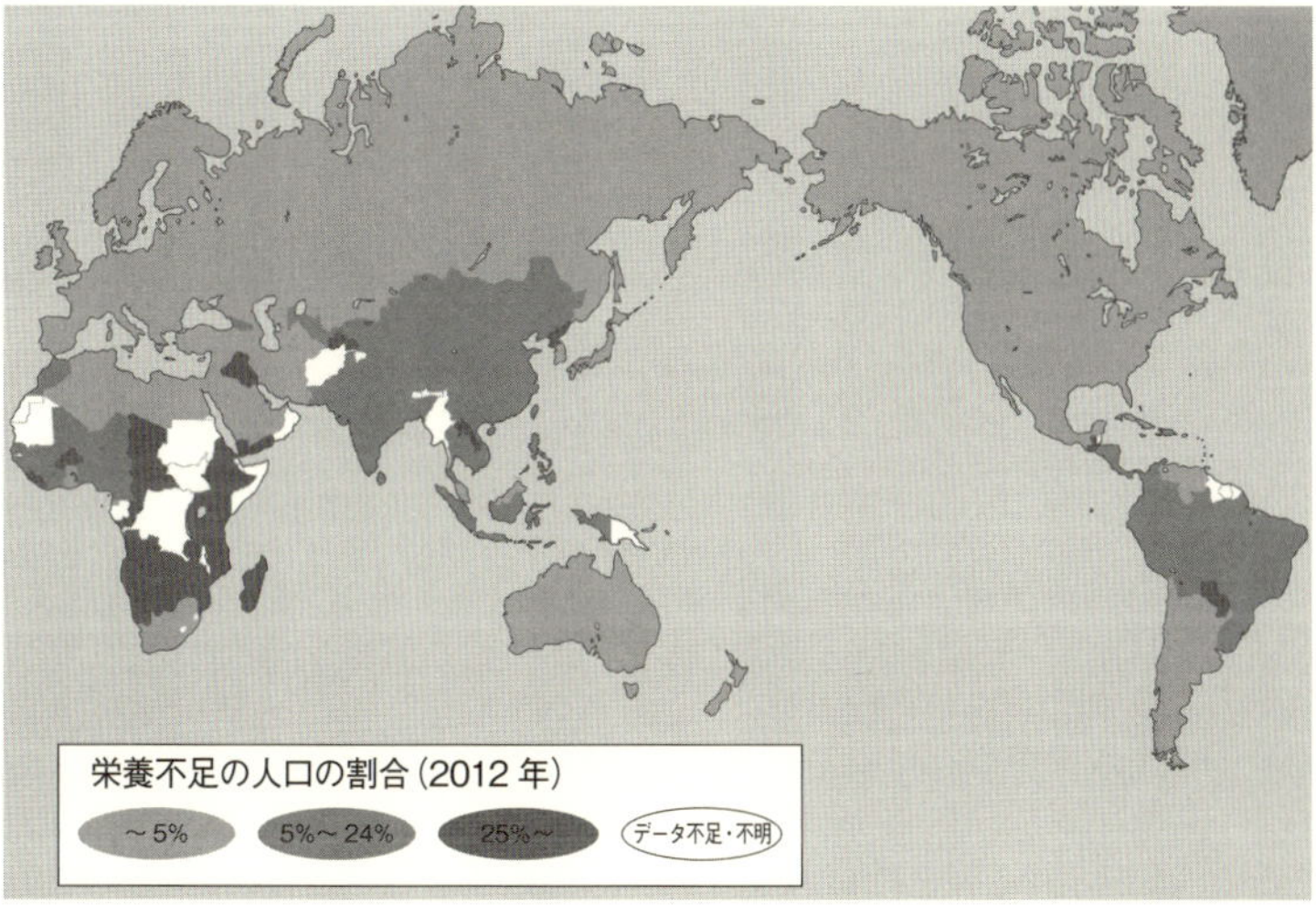

世界の栄養不足人口はアジア・南米・アフリカ地域に集中しており、特にアフリカ東岸諸国は非常に高い率となっている。
（国際連合世界食糧計画 WFP 協会「世界の飢餓状況 2012」による）

●食用にされることのある虫（例）

〈日本〉
イナゴ／ハチ（幼虫）／カイコ

〈世界〉
セミ（幼虫・成虫）／スズメバチ／ガ／コオロギ／ゲンゴロウ／タガメ／バッタ
カブトムシ（幼虫・蛹・成虫）／イモムシ／アリ／ミールワーム／タマムシ

〈昆虫以外〉
ミミズ／ナメクジ／クモ／サソリ　　　（※昆虫料理には必ず加熱処理が必要）

●昆虫の栄養価について

主な栄養分は動物性タンパク質。総じて肉や魚等よりも栄養価が高く、必須アミノ酸や鉄分、各種ミネラル、ビタミン類も豊富に含まれている。また、カロリーも高い。小さな個体に必須栄養素がすべて入った完全栄養食品ともいわれる。

のために、殺し合いや戦争が起きることも、十分に考えられます。

また、もっと原始的なところに戻《もど》れば、もう一度、〝人食い人種〟が復活するということも、当然ありえるでしょう。昔あったような、対立する部族の首狩《くびか》りをして食べてしまうといったことが、もう一回、復活することもないわけではないので、人が殺し合って食べる前に、やはり、何か代替《だいたい》食料をつくる方法を考えたほうがよいのではないでしょうか。

「何でも食べる工夫《くふう》」が戦争や飢餓《きが》から人々を救う

大川隆法　農業で穀物等をつくる方法もあると思いますが、農業を指導して生産できるようになるまでには、やはり、そうとうな「インフラ整備」と「技術」が必要になるので、その前の段階として、「自然に成長し、タンパク源になったりカロリー源になったりするもの」の研究は必要だと思います。

つまり、「いったい、何だったら食べられるか」「それは、どのように調理すれば食べられるように加工できるか」、あるいは、「グロテスクなものであれば、グロテスクではないように見せられるか」ということです。

例えば、今の日本人にイナゴを食べさせるには、どうすればできるようになるでしょうか。まあ、「中国に行って、変なものをたくさん食べて帰ってくれば慣れてくる」というのもあるかもしれません。

いずれにせよ、現実に、そういう時代に入りつつあるわけなので、やはり、生物・農業の分野のなかで、いちばん切迫《せっぱく》してきているものは、「食料問題」なのです。

今、すでに、世界の公式な機関が、「昆虫を食べよう」と提唱し、飢《う》えている人たちに昆虫を食べることを勧めているわけですから、これを研究・開発することはできると思います。

そのために、何万坪《つぼ》もある千葉のキャンパスで昆虫を飼うぐらいのことは、訳《わけ》のないことでしょう。いろいろな昆虫から、生命としてはもう少し進化した両生類、爬虫類《はちゅうるい》まで含《ふく》めて、食物《しょくもつ》に適しており、繁殖力《はんしょくりょく》があって、餌代《えさだい》が少なくて済み、飢えを満たせるような、できるだけ原価効率がよいものの研究、さらに、その調理法まで含めて研究すると、将来起こりうる戦争や、人々の飢餓《きが》を救う可能性はかなりあります。

戦争経験者の父に倣《なら》ってカエルを食べた幼少時代

大川隆法　前述したように、私は、イナゴを食べたことがありますが、実は、カエルを食べたこともあります。

もう、原始人のようで申し訳ありませんが、実家の離れで庭仕事をしていたら、ヒキガエルなどが出てきたので、捕《つか》まえたことがあったのです。すると、父親が、

「ヒキガエルは食べられるんだ」と言ったわけです。戦争中に食べた人は、みな覚えているので、それで、一生懸命《いっしょうけんめい》に捕まえた覚えがあります。股《もも》のところの肉が、鳥のささ身に非常によく似ているのです。

ある程度の大きさがあれば、脚《あし》の水掻《か》きのあたりから皮を剝《む》くのですが、腹から上はあまり食べられないので、食べるのは脚の部分になります。その股のところの肉が、鳥に似ているわけです。

実家の敷地《しきち》では、それほど大きなヒキガエルは見つかりませんでしたが、近くの吉野川《よしのがわ》に流れ込んでいる用水の水門付近まで行き、そのあたりで、一日中、カエルを捕まえていたときもありました。

なかには、ウシガエル●という二十センチぐらいの大きいカエルもいて、これが、ものすごいパワーを持っているのです。このウシガエルを捕まえるというのはなかなか大変で、日曜日に一日かけて捕まえていたのですが、夏の暑いなかで熱射

●ウシガエル　体長10～20センチほどある大型のカエル。鳴き声が牛と似ていることが名前の由来で、食用にされることもある。

病にかかり、その翌日に寝込《ねこ》んでしまいました。あれは〝崇《たた》り〟があったのかもしれません（会場笑）。〝崇り〟によって熱射病にかかって寝込んだ記憶《きおく》がありました。

それを捕《と》るときには、網《あみ》を二張《にちょう》準備して、ウシガエルが跳《と》ぶ距離《きょり》をだいたい測定し、「このくらいまでは跳ぶだろう」というところに網を入れておき、後ろから迫《せま》るわけです。そして、後ろから追い立てると、見事にそちらに跳んでいくので、そこをサッと捕るという、なかなか貴重な技《わざ》が要《い》りました。しかも、用水の上から捕ろうとしていたため、下手をすれば転げ落ちて〝ジャボン〟となることもありました。

ただ、二十センチぐらいのウシガエルになると、食料としてはそこそこのものにもなりますし、おそらく、用水程度の泥水《どろみず》の川ということであれば、アフリカやアジアでも、ある程度は確保できるでしょう。ウシガエル程度の二十センチぐらいのものであれば、食用として供《きょう》することはできますし、中国人などはカエルも食べているのではないかと思います。

また、もちろん、蛇《へび》も食べられます。さすがに私は食べていませんが、私の父などになると、戦争中は食料不足だったので、山で蛇を捕まえてくるのも一つの仕事であり、それを「ウナギだ」と称《しょう》して食べていたわけです。蛇の皮を剝《む》き、ウナギの蒲焼《かばや》き風につくって食べていたこともあったようです。

「食料効率」を高める研究で「食料難」による死亡を防げる

大川隆法　とりあえず、そういう「食料難の時代」に突入するのは、もう時間の問題です。

牛や豚も高級なものですが、飼料として、人間が食べられるものをそうとう食べますから、本来は人間が食べられるトウモロコシの粉を、牛や豚が食べるなどということになれば、結局、動物と人間の食料の奪《うば》い合いになります。人間がトウモロコシをそのまま食べたほうが、生き残れる可能性もありますので、そのあたりの「食料効率の問題」を考えなければなりません。

一説によれば、イスラム教が豚を食べることを禁じたのは、「豚は人間と同じものを食べるから」ということのようです。つまり、「人間と同じものを食べるなら、豚を飼うと、お金持ちだけが豚を食して、貧乏人《びんぼうにん》は豚を食べられない。そして、豚を飼うために人間の食料がなくなる。人間の食料がなくなって、死ぬ人が大勢出るから、神様は豚を食べることを禁じたのだ」という説も、イスラム教のほうにはあるのです。

それに対し、「ヤギや牛などは草を食べる。草ならいくらでも生えているし、人間は草を食べないので、そちらのほうなら食べてもよい」というような説もあります。そのような戒律の発生源について、いろいろな説があるわけです。

とにかく、食料自給率をできるだけ上げるためには、食料になるべき生命体のエネルギー効率を高め、さらに、その食材としての可能性を高めることなど、まだまだ研究の余地はあると思います。

これでうまくいけば、将来的には、二十億人や三十億人ぐらいの死亡を防げる可能性はあるでしょう。

当会としては、より一段、高度な智慧《ちえ》と、食に関するタブーのない宗教であるという面を生かし、「いかにすれば、いちばん食料増産に貢献《こうけん》し、なおかつ、宗教的タブーに触れずに、そういうものがつくれるか」ということを考えてみることも大事だと思うのです。

これについては、できれば、「生物」あるいは「農業」のほうで取り組んでいただきたいと思っています。

マグロの養殖《ようしょく》から見る「生産効率」と「量産」の重要性

大川隆法　魚の養殖《ようしょく》にしても、マグロなどは高級魚なので、小魚《こざかな》をそうとうたくさん食べており、その小魚の分を、人間が食べたほうが効率がよい面はあるでしょう。どうせ食べられるのであれば、人間がその小魚の鰯《いわし》でも食べることで十分に栄養を摂れるからです。

お金がある人たちであれば、「マグロに鰯を食べさせてからマグロを食べる」ということでもよいでしょう。しかし、お金のない人たちにとっては、マグロにおいしいものをたくさん食べさせて、そのマグロのトロをものすごい値段で買ったり、マグロ一匹《いっぴき》を二千万円で買い取ったりするのは、もうダイヤモンドを購入《こうにゅう》するようなものです。

そういう高級市場《しじょう》もあるとは思いますが、食料問題の解決という面では、いちばんは、「それほど高級でなくても、簡単につくれるものは何なのか」ということを研究していけばよいのです。

これに関しては、自然界に研究材料が豊富にあるので、それほど原価はかからないかもしれません。

やはり、すべての生産効率と、簡単に量産できるシステムをつくる必要があります。

そうしなければ、今世紀の半《なか》ばぐらいから、殺し合いをしたり人間を食べたりするような世界となるおそれがあります。それは極《きわ》めて切迫している状況です。

農業・漁業・生物には「新しいエネルギー源開発」の可能性も

大川隆法　また、「微細《びさい》な生物」等も、さまざまな可能性を秘めていることが分かってきています。例えば、クロレラなどの微細な生物体が、ミネラルやタンパク源等、各種栄養源にもなる可能性があるとともに、油分《あぶらぶん》を伴《ともな》っている部分が、次の新しいエネルギー源としてカウントできるのではないかともいわれています。ミドリムシ系統などもその可能性について研究されているところです。

そもそも、石油ができた起源というものは、現代ではよく分かっていないことですが、「大昔のいろい

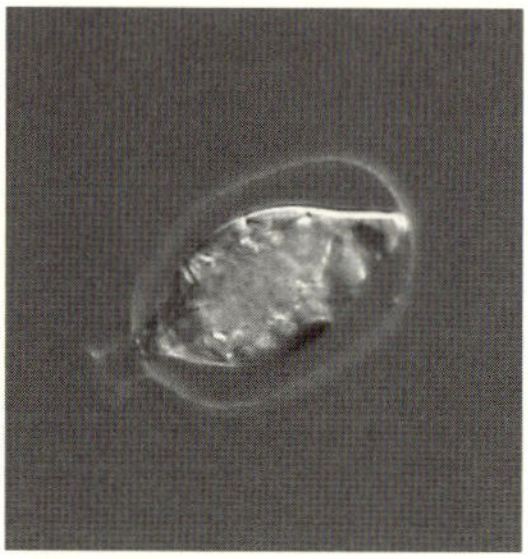

ミドリムシ
動物的な鞭毛運動を行うとともに、葉緑体で光合成を行う植物的な性質を持った生物。ユーグレナ藻とも呼ばれる。ビタミン、ミネラル、アミノ酸等、数十種類の栄養分を含む。軽油の抽出も可能で、燃料生産にかかるコストは石油系のわずか10分の1ともいわれる。

ろな小さな生き物が堆積《たいせき》して、その油が溜《た》まったのではないか」という説もあります。また、「植物が堆積して炭化したものが石炭になったのではないか」ともいわれています。

したがって、新しい農業や漁業、あるいは、そうした生物の研究のなかから、新しいエネルギー源や植物源をつくり出すことも、研究としては可能であり、わりに身近な素材からできるのではないかと思います。

魚類の「帰巣本能《きそう》」の研究にも新たな可能性がある

大川隆法　それから、例えば、北海道であれば、川を遡上《そじょう》してきたサケを、クマが一生懸命に捕まえて食べたりしていますが、孵化《ふか》してわざわざ海に行って、遡上してこなければいけないものを捕まえるというのも、たいへんなエネルギーロスになりますし、落ち鮎《あゆ》ではありませんが、〝落ちザケ〟になり、死体となって流れて消えていくものも、そうとうあります。

そうした帰巣本能《きそう》があって、必ずもとに戻ってくるものもいますが、ここの帰巣本能のところを、もう一段研究することによって、違ったものもできるかもしれません。

ウナギなども、研究によれば、フィリピンのマリアナ海溝《かいこう》あたりにまで行って、そこで卵を産み、育ったものが、元の川まで戻ってきて、川を遡《さかのぼ》り、池に入り、上がってきているのだといわれています。

ただ、これは、私などでも、なかなか信じられません。「そうかなあ」と言いながらも、「実家の川島町《かわしまちょう》の小川にいたウナギも、吉野川にいたウナギも、池にいたウナギも、本当にフィリピンのマリアナ海溝から上《のぼ》ってきたんだろうか。これは大変すぎるので、少し信じがたい。やはり、騙《だま》されているのではないか。マリアナ海溝の稚魚《ちぎょ》にプレートを付けて泳がせたわけではないだろうし、本当なのだろうか」という疑いがないわけではありません。

本当に内陸部まで入ってこられるのでしょうか。当然、川などには上がってこられるものも一部にはいると思いますが、池にまで入ってくるかというところがあります。例えば、「〈聖地〉エル・カンターレ生誕館《せいたんかん》」の建立《こんりゅう》予定地である川島町の丘《おか》の上には新池《しんいけ》・古池《ふるいけ》もありますが、あんなところにでもウナギがちゃんといたので、それらも本当にフィリピン

郷里である徳島県吉野川市川島町付近（写真中央は吉野川）。

の海溝から上がったのでしょうか。やはり、私には、「ここまで上がれるだろうか」と感じられ、その航路は、どう見ても、〝母を訪《たず》ねて三千里〟よりも難しいように思えるのです。

吉野川辺りであれば、一級河川《かせん》ですので、「河口から上がれないことはないかな」という面もあるのですが、そうでない部分は、やはり、途中《とちゅう》で生まれたりしているものもあるのではないかとも思うのです。

こうしたウナギなども、「天然もの」と「養殖もの」がありますが、その帰巣本能のところをもう少し研究すれば、「天然もの」でも、より自然に近いかたちのものを使って成長できるようなものをつくれる可能性はあるのではないかという気がします。

そういう意味では、魚類等も研究してみたい気持ちはあります。

まだまだイノベーションの余地がある食料分野

大川隆法　他にも、貝類、エビ類と、いろいろな生き物がいますが、「いったい何が将来の食料源として使えるか」ということを考え、さらに、食料源を育てるだけではなく、食生活として、新しい日本料理の進化形をつくり出し、世界に輸出しなければいけないと思うのです。

要するに、「日本人が今まで食べなかったものを、日本人にも食べさせることができるかどうか」ということが一つにはあるので、農学部に「料理クラブ」がくっついているような学部というのも悪くはないかもしれません。

「今、大学の理事長が食べたのは、実は、ナマズ入りのカレーでした」とかいうようなものが出てきたりして、「分からなかったでしょう？　ビーフかと思いましたか。ナマズだったのです」ということもあったりするかもしれません。

その調理法も含めて考えると、いろいろなものの低コスト化ができ、工夫《くふう》によっては、コストがゼロのもの、つまり、まったく無駄に使われている地球の資源のなかから、何か次なるプラスのものをつくり出せるのではないかと思うのです。

このあたりの、自然観察を伴うような世界では、一般《いっぱん》に、イノベーションや創意工夫などは、あまり働かないことが多いのですが、考えればできるものはあるのではないでしょうか。

農業は「高付加価値戦略」で輸出を目指せ

大川隆法　もう一つには、「高付加価値戦略」というものもありますが、これは、もう一段、お金持ち用にはなるでしょう。

アメリカ人なども、長らく日本のビーフは食べてくれませんでしたが、これも、積極的に試食会を行うなどして、アメリカに広げなければいけません。「日本の神戸牛《こうべぎゅう》などというものがどのくらいおいしいか」というようなことを知ってもらうために、できるだけ、ホテルなどでキャンペーンを行い、神戸牛のステーキを食べさせてみる必要があるのです。アメリカ人は、実際に食べさせてみないかぎり信じないので、「牛はアメリカのほうが上だ」と思っている人が大勢いるのではないでしょうか。

以前、「ニューズウィーク」に、「あの噂《うわさ》の神戸牛のステーキを食べてみたら、舌の上でとろけてしまい、あまりのうまさに衝撃《しょうげき》を受けて、『日本人め、こんなうまいものを食っているのか』と腹が立った」と記者が書いた記事を読んだのを覚えています。

彼らはいつも、パサパサの肉を食べているのでしょう。言わば、わらじを厚くしたような肉なので、厚さが一センチから二センチはあって、日本人が食べられないようなすごいステーキを焼いています。あれは、インディアンが狩《か》りをしていたころの、自然のままに焼いていった感じがまだ残っていて、炭火で焼いた網目の跡《あと》がついた肉を食べているのではないでしょうか。

神戸牛の試食会は、フォーシーズンズホテルのようなところでも、ときどき行《おこな》っていたようですが、適度に脂《あぶら》が入ったもの、つまり、霜降《しもふ》りが適度に入った肉でつくると、とろけるような味が出るのです。

しかし、実は、一部の日本通《つう》や食通の方以外、その高級感を知らないアメリカ人はたくさんいるでしょう。

霜降りのよい肉をつくるには、日本の場合、品評会で、一頭五百万円とか一千万円近い値段で入選したり優勝したりするほどの牛をつくるために、ビールなどを飲ませて育てることもあるようです。そのように、非常に原価がかかっているため、高いのは当たり前なのではないでしょうか。

●**霜降り肉**　脂肪が筋肉の間に細かく網の目のようになった食肉。それが細かいほど上質だとされ、高付加価値商品として販売されている。

したがって、単に、牛肉の価格だけで、日米を比較《ひかく》したり、オーストラリアと比較したりしているだけではいけません。日本の牛肉は、肉を軟《やわ》らかくするために、ビールまで飲ませたりしているのです。

そういう意味では、日本の農業や畜産業の技術は非常に高いレベルを持っているのですが、そのへんのことは知られていません。まさか、牛にビールを飲ませてまで肉を軟らかくしているなどとは知らず、相変わらずパサパサ肉を食べている人たちが、世界には大勢いるのです。

したがって、一つには、一般的な食料危機に対処するための方法を考えることと、もう一つは、「お金の余っているところに対し、輸出できるものは何か」を考えることが必要でしょう。そのために、高付加価値の食材、ないしは風味や味、嚙《か》みごたえや歯ごたえなど、いろいろと違ったものをつくり出していく研究はあるのではないでしょうか。

日本人向けの研究が進められている外米《がいまい》

大川隆法　一九九〇年代の初めに、日本でも、お米が非常に不足したときがあり、確か、タイ米などを輸入したことがありました。ただ、日本人はものすごく好き嫌いが激しく、マスコミまでもが一緒になって、「外米《がいまい》はまずい」というキャンペーンを行ったため、輸入したり援助《えんじょ》してもらったりしたものだったかもしれない米のほとんどを、倉庫で腐《くさ》らせてしまったようなことがありました。

確かに、日本のお米は、水分を含んでいて、ふっくらと炊《た》きあがりますし、餅《もち》のように、ちょっとした甘《あま》さと膨《ふく》らみがありますので、その意味では、ご飯だけで食べてもおいしいものではあります。しかし、インド人やベトナム人、あるいは、タイ人など、縦長米《たてながまい》の細いお米を食べているあたりの人には、食感の合わない部分があるのです。

あちらでは、カレーライスなどがよく食べられていますが、縦長米はそういう汁物《しるもの》を非常に吸い込みやすいのです。一方、日本の「ハウスバーモントカレー」のようなものは、日本のご飯に合うようにつくられていて、インド人にあれを食べさせると、「まずい」と言うわけです。日本米には甘みがありますが、水分を含んでパンパンに膨れているため、さらに水分を吸収する余力が全然ないのです。

　したがって、「タイ米のような細長いものは、カレーのルーを吸い込んでおいしくなる」というものではあったのですが、それが

タイ米（長粒種）

日本の米（短粒種）

タイ米の輸入　1993年、記録的な冷夏の影響で米の収穫量が例年の７割程度に落ち込んだ日本は、タイ政府等に打診し、急遽、備蓄米を輸入。しかし、日本人の嗜好に合わなかったため、消費が伸びず、大量に廃棄処分された。

理解されず、九〇年代に外米を入れたときには、マスコミも含めて、日本人の多くが総キャンセルをしたのです。

私も、講演会等で、「外米もけっこうおいしいものですよ」と言ったことがありますが通じませんでした。「カリフォルニア米（あるいはオーストラリア米）の一部は、日本人の食感に合うようなものもつくられていて、けっこういけますよ」といったことを述べたものの、効果はほとんどなかったようです。

ちなみに、オーストラリアの寿司《すし》屋では、オーストラリア米で握《にぎ》っているところもあります。そのなかにはまずい米を使っている店もありますが、けっこういける米が使われていたり、日本人の食

1989年３月の講演会「幸福の科学とは何か」では、大手商社のニューヨーク勤務時代の経験を紹介。当時から、安くておいしいカリフォルニア米の存在を知っていた日本の商社マンたちは、買い込んだ米をトランクにたくさん詰めて帰国していた。（『悟りの発見』所収）

感に合う米を使っているところもありました。

こうしたものをいろいろと研究する場合、研究用であれば、それほど大きな農地を必要とするわけではなく、小さいところでも研究する余地はあると思うのです。

農業・生物の研究には「産業性」「商業性」が伴《ともな》うものを

大川隆法　したがって、考えられるものは、「ローコストで食料危機に対応する研究」と、「ハイコストでも高付加価値を生むものの研究」でしょう。

アメリカ人に、霜降り肉のステーキを食べる食習慣を植え付《つ》けたら、金をバサバサと使い始めるのは分かっています。食習慣はなかなか変えられないでしょうが、そのような上手なキャンペーンをすることはありえるのではないでしょうか。

このあたりについては、農家とも組み、「まずは、世界各国でキャンペーン等を行い、高付加価値のものをいろいろと売り込んで収入を上げる」という方法もあると思います。

いずれにしても、何らかの意味での「産業性」ないし、「商業性」がつくようなものを研究していくことが大事でしょう。

食料危機に関しては、先ほど述べたとおり、本当に昆虫を食べさせようとして、今、国連の関連機関で研究をし、現実に発表もして進めています。しかし、実際に昆虫を食べる前に、まだほかにも研究の余地はあるかもしれないので、どうか、そのあたりも、もっと研究してくれればよいかと思っています。

最後は、「臓器」など、人間の医学にも使えるようなところでの研究においても、動物は使えると考えます。

3　戦争を抑止《よくし》するための「ロボット開発」

B――　本日はまことにありがとうございます。

私からは、工学に関する質問をさせていただきます。

前回、湯川博士の霊《れい》がご降臨されたときに、「サイバー攻撃《こうげき》や無人ロボットによる戦争など、いわゆる工学的なものによって、人間が血を流さずに戦争を終わらせる」というようなものが挙げられました（前掲《ぜんけい》『湯川秀樹のスーパーインスピレーション』参照）。

そういった意味で、私たちも、「工学的な電子機器の発達が人類百億人の幸福化につながる」と考え、例えば、「ロボット工学の開発などの教育研究を進めていきたい」と思っています。

そこで、今回のタイトルにもありますように、「もし湯川博士が幸福の科学大学未来産業学部の学部長だったら、工学的な教育研究に、どのような付加価値を付けていくか」という点についてご教示《きょうじ》いただければ幸いです。よろしくお願いいたします。

「災害・事故対策用ロボット」の開発強化が必要

大川隆法　今、福島第一原発事故の処理をするためのロボットを一生懸命《いっしょうけんめい》に開発しています。「どのように、瓦礫《がれき》のなかに入っていって処理するか」という部分をロボットにさせようと、急速に研究を進めているようです。

そういう災害対策用として、瓦礫の下に埋《う》もれた人たちを助け出すためのロボットや、二次災害の予想される所を、人間的な知能で判断し、自由な動きが可能な、できるだけ人間に近い動きができるロボット、段差や障害物等に強いロボットづくりへのニーズは、絶対に出てくるものでしょう。

ただ、すでに、さまざまな企業《きぎょう》等で研究がなされていると思いますので、マーケット的には、なかなかそう簡単には参入できないかもしれません。すでに、普通《ふつう》の製造用ロボットはたくさんあるため、不慮《ふりょ》の災難や事故対策用のロボットでは、マーケットが非常に狭《せま》くなってくるはずです。ある程度、資金的に余裕《よゆう》があり、

福島第一原子力発電所の事故現場（写真上）。原子力事故現場へ自走し、放射線量等を測定できる防災モニタリングロボット（写真右）。

研究余力もあるところのほうが強いことは確かでしょう。

「無人飛行機」の開発なら平和主義の日本でも取り組みやすい

大川隆法　それから、今、「無人飛行機」というものがあります。パキスタンは、「無人飛行機による攻撃をやめてくれ。誤爆《ごばく》があって、余計な人が死ぬ」などとアメリカに抗議《こうぎ》しています。ただ、無人飛行機で攻撃できれば、少なくとも、パイロット一人か二人は死なずに済むので、楽なことは楽でしょう。多少のお金は要《い》りますけれども、ある意味で、兵器に人間が乗らなければい

けない理由はないわけです。

特に、夜間の攻撃等であれば非常に有利な面があるのではないでしょうか。「人間の眼《め》」に当たるものとして、赤外線や人工衛星等を使い、標的の位置を確定する技術等がもっと固まっていけば、より使いやすくなると思われます。

これは、戦後平和主義のなかにある現代の日本でも、ある意味で入っていきやすい面があるでしょう。「自衛隊員が死ぬ」ということになると、反対する人も非常に多くいますので、「防衛用」と称《しょう》して、そういう無人のものをいろいろつくることは可能なのではないでしょうか。

無人飛行機　人が機体に搭乗せず、無線によって遠隔操縦される飛行機（写真上）。偵察や対地攻撃等に使用されている（写真右：プレデター）。パキスタンに潜伏するイスラム過激派への攻撃でも使われた。

偽装戦闘機《ぎそうせんとうき》の配置で相手の武器・弾薬《だんやく》を消費させる手も

大川隆法　あとは、アメリカの「ステルス戦闘機《せんとうき》」のようなものもあります。最近では中国のものも多少はよくなっているかもしれません。

もともとのステルス戦闘機は、機体に布や木などを貼《は》り付け、金属がレーダーに反応しないような、原始的なステルスのものを、だいぶつくってはいたようです。

しかし、そういうものも、発明と言えば発明であり、一般《いっぱん》に、電波を反射しなければ

ステルス戦闘機　レーダーや赤外線探知装置等で極めて探知されにくい構造に設計された戦闘機（写真：F-22 ラプター）。

ば見つかりにくい面もありますので、工夫《くふう》の余地はあるでしょう。

例えば、第二次大戦のときのイギリスもそういうことを行いました。ドイツからの空襲《くうしゅう》によって本物の飛行機等を攻撃されてはたまらないので、それを避《さ》けるために、ゴムでつくった偽《にせ》飛行機のようなものを、飛行場など、あちこちに並べ、実際の部隊はほかの所に隠《かく》しておいたのです。すると、ドイツ軍は見事に間違《まちが》えて、それを空爆し、爆弾《ばくだん》をそうとう消費させられたことがありました。

これはちょっとしたアイデアですけれども、風船のようなもので、戦闘機に似たものをたくさんつくって並べてみせることによって、向こうの武器・弾薬を消費させるような作戦です。そういうことはあるでしょう。

安価に「地雷《じらい》の発見・除去」が可能なロボットの開発

大川隆法　また、「地雷《じらい》の除去」なども、今、非常に大きな問題となっています。

アフリカやアジア地域において、これはとても大きな問題です。

たいていの対人地雷《たいじん》等は、七キロ以上の重量がかかると爆発する仕組みになっているものが多いようですが、非常に安くつくれるのです。

ところが、これを改造し、もう少し軽い爆発をするようなものが、だんだん多くなっていきました。

結局、殺すのが目的ではなく、片足を飛ばすとか、手を飛ばすとか、体の一部をケガさせることが目的の地雷がたくさんあるのです。それは、非常に安くつくれますし、ケガをした人を連れて帰るための兵士がもう一人、戦線から離脱《りだつ》することにもなります。要するに、向こうの兵力を二人減らすことができるわけです。このように、テロやゲリラといった戦いでは、非常に威力《いりょく》を発揮する地雷があります。

日本の自衛隊が地雷探知機等の機械を多少使ってもいますけれども、こうした

もの の効力を、もう一段上げる開発をする可能性はあるのではないでしょうか。

ただ、軍事用になるとレベルが上がってしまうので、少々厳しいのではないかという気がします。

今後、世界に埋め込《こ》まれた、億の単位といわれる膨大《ぼうだい》な数の地雷を除去するのはものすごく大変なので、「これをいかに安いコストで除去できるようにするか。無力化できるか」ということは、厳しい問題でしょう。コストの面では厳しい問題があると思います。

地雷の除去作業　地雷探知機や除去車などを使い、国連地雷対策機関(UNMAS)等が大変な危険と膨大な手間をかけて作業に当たっている。

実は、地雷をつくるよりも、それを撤去《てっきょ》する装置や、作業費用のほうが、よほど高いのです。

これをどうすれば、もう少し安い値段で地雷を発見して除去するロボットのようなものが、工学的につくれるかどうか。

この技術は、おそらく、「火星探索機《たんさくき》」や「月探索機」等に使えるものと重なってくるのではないかと思います。

「敵・味方の識別ができるバリア装置」の開発はできるか

大川隆法　今述べた「地雷」に似たものとして、水中に設置する「機雷《きらい》」というものもあります。

尖閣《せんかく》諸島に、あれほどの数の中国公船が入ってくるのであれば、機雷を敷設《ふせつ》したいぐらいの気持ちもないわけではありませんが、いったん敷設してしまったら、日本の漁船を爆破してしまうかもしれませんので、難しいでしょう。

そこで、マンガやSFの世界では十分にありえることですが、「何らかのバリア的な機能を持ち、敵か味方かを識別する能力を持ったものがつくれないか。敵方を識別し、航行を妨《さまた》げるような、何らかの機能を持った装置がつくれないか」ということは考えられるのではないかと思います。

「尖閣《せんかく》・竹島《たけしま》」をロボットで警備し、自国の権利を主張すべき

大川隆法　それから、尖閣《せんかく》にしても、石原《いしはら》元都知事が島を買おうとしたときあたりから、当時の民主党政権は、「上陸してモノをつくらない」というようなことを、最初から駆《か》け引きとして一生懸命に言っていましたが、本当に「日本政府のものだ」と言うのであれば、「まったく何もつくりません」などと先に約束するのは、少々恥《は》ずかしい話です。

それは、幸福の科学がまだ弱かったときの拠点《きょてん》開発局（支部精舎《しょうじゃ》や精舎等の宗教施設《しせつ》の建立《こんりゅう》に携《たずさ》わるセクション）のようで、「地元ではまったく伝道しませんので、建てさせてください」と交渉《こうしょう》したときの感じにやや近いでしょう。

韓国《かんこく》などは竹島《たけしま》に堂々と大統領が降りて、「大韓民国」と書かれた碑《ひ》をつくったり、ヘリポートをつくったりしています。それが最終的に、彼らにとっての成功になるかは分かりませんが、「権利の上に眠《ねむ》る者は保護されない」というのは法律の原則なので、「日本のものだ」と言いつつも権利を行使しないのであれば、自分のものにはならないのです。

したがって、「日本のものだ」と言うのなら、何らかのかたちで、その権利を主張しなければいけません。

そのためには、「日本領であることが明らかになるようなものを、いつの間にかつくってしまう」ということもありえるでしょう。例えば、ロボットか何かで警備するのも悪くありません。そのように、遠隔《えんかく》で操作できるようなもの等で警備するわけです。

あるいは、日の丸や「君が代」などが、いろいろなかたちで見えたり聞こえたりするようなもの。何者かが島に近寄ってくると、日の丸がスルスルと揚《あ》がり、「君が代」が流れるようなものだって、つくれないことはないでしょう。

いずれにせよ、権利を主張するのであれば、やはり、相手に対する何らかの反論は必要です。

「防空識別圏《けん》」を主張し始めた中国への理科系的な対策を

大川隆法　今は、むしろ、中国に防空識別圏《けん》をつくられ、「民間機が撃墜《げきつい》されるのではないか」というような恐怖《きょうふ》でいっぱいになってきているようですけれども、理科系的には、この対策を何か考えなければ危ないと思います。

かつて、大韓航空機がソ連領空を飛び、スパイだと見なされて撃《う》ち落とされ、日本人乗客も死亡する事件が起きましたが、今の中国もそんなことをやりかねない面はありますので、やはりその対策を考えていく必要があるのではないでしょうか。

中国が、フィリピンやベトナムなどの大きい岩礁《がんしょう》辺りまでも「中国領だ」と言い始めると、本当に、どこで、いつ、どういうことになるかが分かりませんので、このへんについては、オタク的素質を持っている方などが秘《ひそ》かに研究していくことも大事なのではないかと思います。

相手の電子機器類を「無力化」するための研究が必要

大川隆法　これに対する私の考えとしては、一つには、「もし、平和目的で行うのであれば、それに近づくと、相手の機能が失われるようなものがあるとよい」

●大韓航空機事件　1983年に大韓航空機がソ連の領空を侵犯し、ソ連防空軍戦闘機によって撃墜された事件。乗員・乗客合わせて269人全員が死亡した。

ということが言えるでしょう。

すなわち、もし、日本の領海に味方でないもの、船舶《せんぱく》や飛行機、その他さまざまなものが侵入《しんにゅう》した場合に、サイバー攻撃ではありませんが、向こうの電子機器類が使えなくなるような研究が必要だと思うのです。

ちなみに、「宇宙人の乗り物にはそういう機能があるらしい」ということが、以前から言われています。「ＵＦＯが近づいたときに、各種電子機器類がすべて駄目《だめ》になり、機能しなくなった」というような報告がありますけれども、それは、相手を無力化する能力があることを示しているのでしょう。

したがって、そのあたりの研究はありえると思いますし、宗教で手を出しても文句《もんく》を言われないレベルの問題なのではないかと思います。

ともかく、そのように「無力化」してしまえばよいわけです。ＵＦＯが持っているとされる、「電子機器類あるいは電気系統がまったく動かなくなる原理」を

●**サイバー攻撃**　標的とするコンピュータやネットワークに不正に侵入してデータの詐取や破壊、改竄、機能不全に陥らせること。

何か発明することができれば、そういうこともできるようになるでしょう。

雷《かみなり》・竜巻《たつまき》・台風などを人工的に操《あやつ》る神秘的な方法の研究

大川隆法　それとも、もし、神秘的に行いたいのであれば、「人工的に雷《かみなり》を落とす方法を考える」というやり方もあるかもしれません。人工的に雷を落とせないことはないのではないかと思いますので、その方法を研究するのです。

それは、空中で竜巻《たつまき》や台風、あるいは雨雲《あまぐも》等ができるメカニズムと同じようなものなのかもしれません。したがって、どのようにすれば人工的にそういうものが起こせるのかを研究することにな

特定秘密保護法
2013年12月に成立・公布された法律。日本の安全保障に関する情報のなかで、関係者が特に秘匿すべき情報を漏洩することを防ぐためのもの。

『「特定秘密保護法」をどう考えるべきか』（幸福の科学出版）

るのでしょう。そのように、宗教的にやることも、可能性としてはあるわけです。「なぜかその地域に入ると、雷がよく落ちる」とか「強風が吹《ふ》いてくる」とかいった神秘的な力を発揮すると、相手も、「なぜそういうことが起きるのか、理由がなかなか分からない」と思うかもしれません。「特定秘密保護法」で守られれば、ある程度、機能する可能性はあるでしょう。

中国対策として尖閣《せんかく》海域に「サメ型ロボット」の配備を

大川隆法　中国に対する防衛として、もう一つには、魚型ロボットのようなものをつくって警備することも考えられます。尖閣《せんかく》あたりにはサメがたくさん泳いでいますので、「サメ型ロボット」を開発し、そこに紛《まぎ》れ込ませるわけです。これは、まず分からないのではないでしょうか。

　そうしたものを自由に遠隔操縦できれば、ミニ潜水艦《せんすいかん》としての機能が果たせるかもしれません。サメを片《かた》っ端《ぱし》から捕《つか》まえなければ分からないようであれば、それを見つけるのは難しいでしょう。

これについては、現に、「ジョーズ」という映画がつくられたぐらいで、サメのように見せるものも存在するので、そこに、識別能力を上げるなり、防衛能力を与《あた》えるなりして、ある程度、機能を強化すればよいわけです。

海のなかにはノコギリザメというものも棲《す》んでいるので、「何かが近寄ってきたら穴を開《あ》けたくなるサメ」など

「ジョーズ」　1975年に公開されたアメリカ映画（スティーヴン・スピルバーグ監督）。アメリカ東海岸に現れた巨大な人食いザメとの死闘を描いた作品。内部が機械構造となっているサメの模型を製作し、遠隔操作等で撮影された。

をつくるのも悪くないかもしれません。島に上陸しようとするボートには、穴を開けにくるサメが出てくるのも悪くないでしょう。

こういうものを研究すれば、実用の可能性があるかもしれませんが、なかには秘密を要するものもあるかと思います。

そこで、千葉の海で練習してみるとか、夏になって海水浴客が泳いでいるときに走らせてみるとか、いろいろとやり方はあるかもしれません（笑）。

「異次元発想」で効果的な防衛方法を考える

大川隆法　現在、沖縄《おきなわ》には離島が百六十（うち無人島は百十一）あります。この島嶼《とうしょ》防衛の部分は、自衛隊もいちばん頭が痛いところです。

すべての島に部隊を駐屯《ちゅうとん》させることはできないので、どこから上がられるか分かりませんし、上がられて、そこに陣地《じんち》を築かれてしまうと、けっこう大変なことになりますから、何らかの防衛手段等を考えていくことが大事なのではないでしょうか。

そして、やや異次元発想をしつつ、コストをある程度ミニマイズしながら、実用化する案、試作品ができてきたら、最後は、自分たちだけでは無理ですので、ＩＨＩ（旧石川島播磨《いしかわじまはりま》重工業）や三菱《みつびし》重工等へ売り込んでいかないと駄目かとは思います。

「どうだ？　このサメ型防衛装置を買わないか」と持ちかけるなりして、アイデア料のほうで収入を上げるようなかたちになるでしょうか。島嶼防衛であれば、何らか、そういうものを設置する可能性はあります。

あるいは、機雷でなくても、海底から浮《う》いているブイのようなものに一定の機能を内蔵していれば、さまざまな役割を果たすことはできますが、それを一定の数だけ浮かせておくことで、相手の行動をより緻密《ちみつ》に把握《はあく》できる余地はあるでしょう。

このように、さまざまな防衛システムを開発しておいたほうがよいでしょうし、その発想に「異次元性」があって、相手がそれに気づいたり、同じものをつくるのに時間がかかったりすればするほど、その間《あいだ》の効果も高いはずです。

ただ、日本の国情《こくじょう》では、あまり先制攻撃型のものをたくさんつくるのは難しいでしょうから、まずは、島を防衛することを考えたほうがよいと思います。

地雷《じらい》に代わる「効果的な海岸線防衛」のアイデアを

大川隆法　日本においては、長い海岸線を考えると、本当は、先ほど述べた地雷《じらい》の有効性はかなり高いのです。しかし、橋本《はしもと》総理のときに、地雷廃止《はいし》の国際条約（対人地雷禁止条約）に署名したため、現在、地雷は使えなくなっています。

自衛隊としては、もし地雷を使えていたら、兵力がなくても海岸線をそうとう守れる面があったのですが、今は、これを廃止するほうに参加しているわけです。

ただ、かつて、吉田松陰《よしだしょういん》が海岸線を見て回ったときに、「日本海側に全部で百カ所ぐらいは上陸可能な地点がある」ということを調べていたようです。

これは、北朝鮮《きたちょうせん》に対しても韓国に対しても言えることかもしれませんが、彼らが日本に上陸してくるとしたら、実際上、自衛隊では足りないのです。

現在、北海道防衛をしたり、沖縄防衛をしたりはしていますが、全国は無理なので、この「海岸線の部分をどのように守るか」というところは、別途《べっと》、考えなければいけないのではないでしょうか。

吉田松陰（1830 ～ 1859）
長州出身の幕末の志士、兵学者、陽明学者。松下村塾で優秀な人材を数多く輩出、明治維新の原動力となった。

地雷が使えないようであれば、そうではないもので、何か新しい方法がないかどうかを考えてみることが大事です。

これも、考えれば、思いつくことはいくらでもあるでしょう。国情に合わせれば、平和的利用のように見えるもののなかで、国土の防衛ができるものをつくっておくことが重要であると考えます。

このへんは、実用性と予算の兼《か》ね合いもあるため、幸福の科学大学においては非常に〝マイナーな部隊〟しかつくれない可能性はありますが、好きな方は好きでしょうから、よく研究していって、そのアイデアの部分で何か付加価値を生むことが大事でしょう。お金をかけなくてもできることはあるはずです。

戦時の資源難から生まれた「こんにゃく爆弾《ばくだん》」のアイデア

大川隆法　以前にも一度、話をしたことがありますが、私の高校三年生のときの数学の先生から、授業中にこんな話を聞いたことがあります。

その先生は東京工業大学の卒業生でしたが、当時、戦争の末期だったため、大学でも、「いかにして敵に応戦するか」という研究はしていたが、もはや材料がほとんどなくなって反撃できないので、「こんにゃく爆弾《ばくだん》」（風船爆弾）というものをつくっていたと説明してくれました。

当時は、普通の気球をつくる材料さえ十分になくなってきたため、こんにゃく糊《のり》で貼り合わせた和紙《わし》を膨《ふく》らませて、気球のようなものをつくっていたのです。それに軽い気体である水素を詰《つ》め、その下に爆弾を付けて上昇《じょうしょう》させ、一定の高度のところを吹いている偏西風《へんせいふう》にうまく乗せることができれば、アメリカあたりまで飛んでいき、そこで落ちるというわけです。

その数学の先生は、「私は、東京工業大学で『こんにゃく爆弾』をつくっておりました」と白状《はくじょう》していました。いちおう、「日本はアメリカ本土を攻撃できなかった」と、アメリカ人は信じていますが、それは間違いで、当時のアメリカの記事を見れば、「謎《なぞ》の山火事が起きた」というものが出ています。ですから、「米国本土には、原爆に代わり、わが恩師の大学での研究によって、すでに攻撃をかけていた」ということが分かっています。

「こんにゃく爆弾」がその辺りまで行ったところで、ぶら下げていた爆弾を落とし、火災等を起こしたわけです。都市部に落ちなかったことが〝残念〟ではありましょうけれども、「山火事等がたくさん起きた」という記録も遺《のこ》っているようです。

このように、「こんにゃくが材料でも、できないことはない」ということです。そういうこともありますので、いろいろとアイデアを出せば、考え方はあるのではないかと思います。

—こんにゃく爆弾（風船爆弾）—

第二次大戦末期、日本軍によるアメリカ本土攻撃作戦として「ふ号作戦」を決行。1944年秋から1945年春にかけて行われた。

SIX KILLED BY BALLOON BOMB BURST

Oregon Picnic Party Blown Up in Accident

By FRED SCHERFF
United Press Staff Correspondent

WASHINGTON, May 31. (UP)—A balloon-borne Japanese bomb killed a woman and five children near Lakeview, Ore., early this month, it was disclosed officially today.

This was the first known instance of fatalities suffered in this country as result of Japan's attempt at long-range bombing of the United States by unmanned balloons launched from the enemy homeland. The army and navy re-

爆弾による被害を伝える当時の記事。

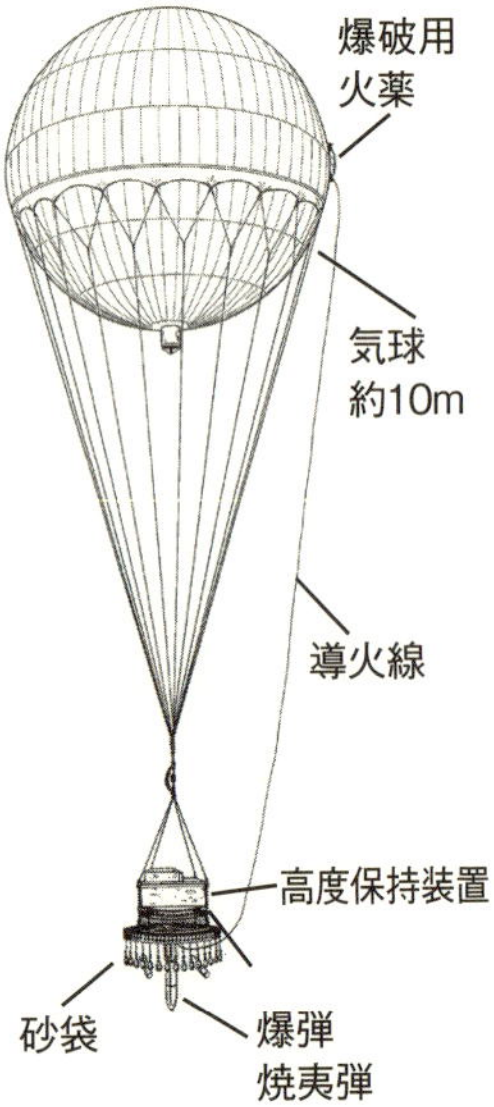

和紙をこんにゃく糊で数層に貼り合わせた気球に水素ガスを充填。高度1万mの偏西風に乗せ、高度保持装置により、砂袋で重量を調整しながら、1万km離れたアメリカに約50時間かけて到達。自動的に降下し、爆発する仕組みとなっていた。

アメリカで発見されたこんにゃく爆弾

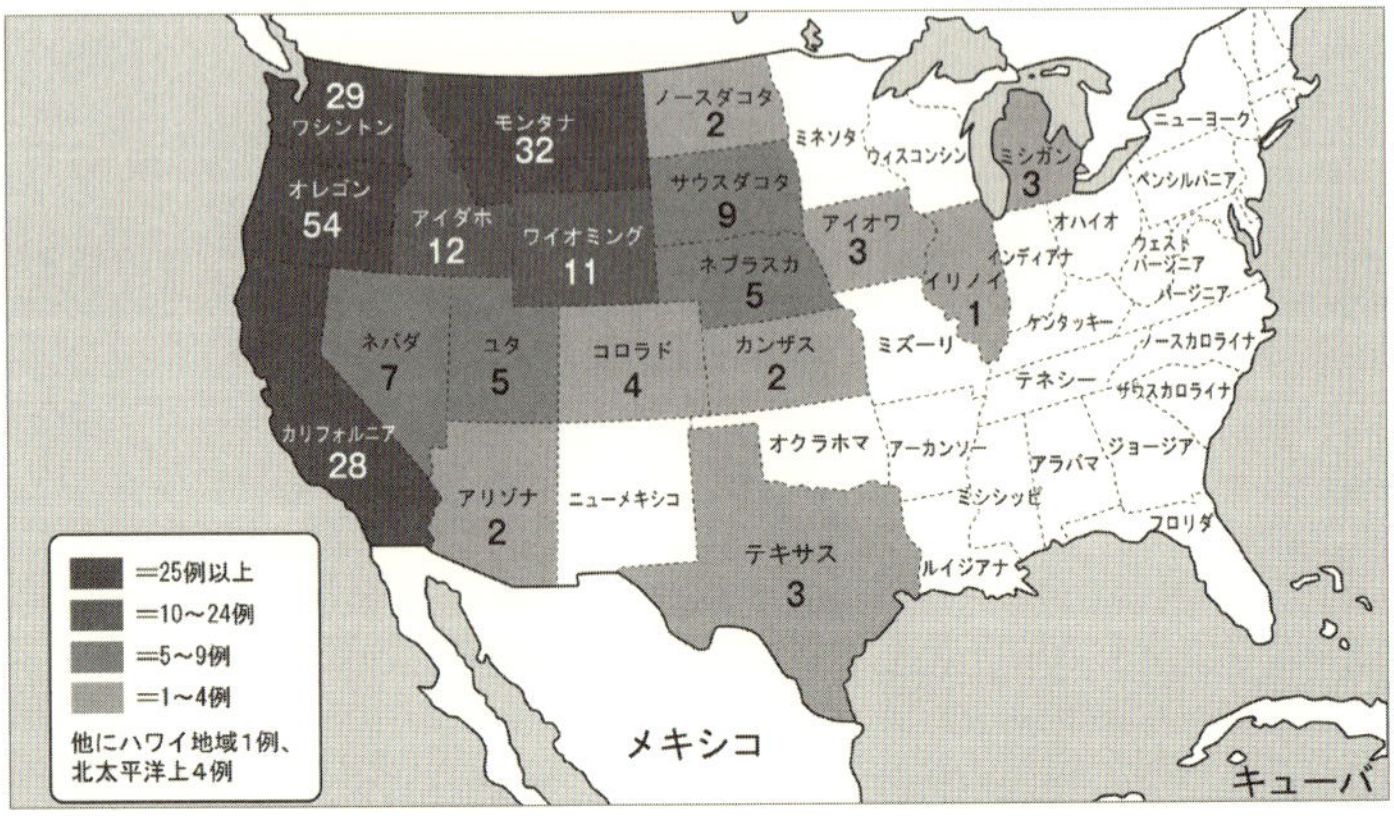

飛ばされた約9000個のうち、アメリカ大陸に約1000個が到達したともいわれ、確認された爆弾が少なくとも約280個、空中爆発した爆弾が約100個とされる。

「エネルギーの確保」のための防衛戦略は大きなテーマ

大川隆法　今、中国などの〝手〟や〝口〟の速さがすごく、ポンポンポンポンと攻《せ》め込んでくるのに、こちらのほうが応酬《おうしゅう》できていないようなところがありますので、もう一段先を見越《みこ》して、碁《ご》や将棋《しょうぎ》で言うと「五十手百手先まで読んで考えておく部門」も要るかもしれません。

最後は、「海洋戦略」として中国に海上部隊をつくられ、アメリカのほうが、グアムまで、あるいはハワイまで退《ひ》いていかれたら、守り切れなくなることは当然あるので、防衛上、その部分をどうやって補完するかという点は、非常に大きなテーマなのではないかと思うのです。

これについては、自衛隊だけの発想だと十分ではないかもしれませんので、もう少し異次元的な発想がありえるのではないでしょうか。

「こんにゃく爆弾」の変化形であれば、ほかのものもまだありえるのではないかと思います。「証拠《しょうこ》が残らないもの」というのは、いくらでも考えつくでしょう。

これは、ある意味では、「日本人の生命・安全・財産」を守るには必要ですし、安倍《あべ》さんが言っているように「領土・領空」まで守るということになれば、かなり厳しいことになってきます。

さらに、今、海底資源として、「メタンハイドレート等を海底から取り出し、これをエネルギー化する」という研究が上がってきています。これも、試掘《しくつ》・採掘して工業化するまでの間には、やはり、「安全性の確保」が必要でしょう。

海中で、そういう採掘ができるだけの安全を守れるかどうかは、例えば、中国軍がウヨウヨしているような状況《じょうきょう》であれば、現実上、できなくなる可能性が高いと思われます。「そのようなときにどうするか」ということを考える必要がある

●メタンハイドレート　天然ガスの主成分であるメタンが低温高圧下で水に溶け込み、シャーベット状になったもの。天然ガス資源として有望視されている。

わけです。

また、「どのようにして防衛し、安全に採掘ができ、国内に運び込めるか」といったことも考えなければいけないかもしれません。

「ＵＦＯ型防衛兵器」開発の意外なメリット

大川隆法　そういう意味で、予算的な問題がすべて引っ掛《か》かってはくるのですけれども、「まず、お金が要る」という前提で物事を考えるのではなく、「どれだけアイデアを考えつくか」ということが必要なのではないでしょうか。何百ものアイデアを出していき、そのなかで、「有効なものが何かないか」を考えるわけです。

あるいは、本格的な金属製の防衛兵器をつくるのであれば、むしろ、防衛省には、本当に〝ＵＦＯ型のもの〟をつくることを、私はお勧《すす》めしたいところです。

〝ＵＦＯ型のもの〟で迎撃《げいげき》すれば、宇宙人が来たのか、日本人が来たのかが分かりませんので、そういうもので防衛するのも悪くはないと思います。

「ＵＦＯの原理自体は、敗戦前のドイツがすでに開発していた」ということを、私もビデオ等で観《み》たことがあります。回転しながら空中に浮かんでいく技術を、途中まで研究していたのは分かっているのです。

「ＵＦＯ型のものをつくれば、地球のものかどうか分からない」というようなところもありますので、何かそういうものを考えてみることも一つかもしれません。

ナチスが開発していたという説のあるＵＦＯのスケッチ（写真左）と、その映像（写真右）。ドイツ語で「鐘」を意味する「ディグロッケ」という開発名で呼ばれていたとされる。

「予算ありき」ではなく、まずはアイデアで勝負しよう

大川隆法　今、述べたような部分については、将来的な発展の余地が無限にあるところでもありますので、新しい大学としては厳しい部分はあるかと思いますが、まずはアイデアの構築、アイデアを数多く出し、「現実に手が出せるものは何か」を考えるところから始めるべきでしょう。

そのなかで、単に予算を消化するだけの理科系統、工学部系統であれば、本当に無駄ですので、やはり、何らかの実用性があり、収入にも換《か》わるようなものから始めていき、次第《しだい》しだいに、大きな予算が組めるようなところへと持っていく必要があります。

また、自力でそういうことをやっている人には、大きな企業や国レベルからも、「共同開発したい」、あるいは「援助《えんじょ》をしたい」という話が出てくるものであり、

最初から、そういうところにすべて頼《たよ》ろうと思っていると、なかなか許可が下りないものなのです。

したがって、「自分たちでどこまでできるか」というようなことを考えていくことが大事ではないでしょうか。やはり、「勝負は〝頭〟のなかにある」と考えたほうがよいと思います。

4　光エネルギーを物質に変換《へんかん》できるか

C——　先ほどの食料問題ともつながるのですが、「光エネルギーの物質化」についいて、質問させていただきます。

SF作品のなかでは、今で言う「3Dプリンター」のように、光を素材として飲み物や食べ物をつくり出すようなシーンが描かれることがあります。こうしたことを研究していくことは、神の御心《みこころ》に適《かな》わず、「働かざる者、食《く》うべからず」ということで、許されないテーマなのか、あるいは、一定の精神レベルや科学技術がクリアできれば、実現してもよいテーマなのか、お教えいただければと思います。

●3Dプリンター　立体物を表すデータをもとに、樹脂等の素材で造形する装置。複雑な立体物の製作が可能となり、医療分野等でも注目されている。

そして、実現してもよい場合には、理論物理学等を研究していかなければならないと思うのですが、今、未来産業学部を志《こころざ》す生徒のなかには、理系であっても、けっこう物理を苦手としている方もいるようです。そうした人が苦手意識を克服《こくふく》する方法や、得意になる秘訣《ひけつ》があれば、重ねてお教えいただければ幸いです。

大川隆法　最初の設定のところがよく分からなかったのですが、どのような例がありますか。

C――　よく宇宙船のなかで、食料的な材料を何も使わずに、ボタン一つを押《お》せば、飲み物が出てきたり、食べ物がつくられたりするようなシーンが描かれているときがあります。

大川隆法　何に描かれているのですか。

C――「スター・トレック」だったと思います。

大川隆法　そうですか。

C――そこで描かれていたのですが、それが光エネルギーの物質化なのではないかと思いました。

「万物《ばんぶつ》のエネルギーの源《みなもと》」をどう実体化させるか

大川隆法　それは、なかなか〝厳しい〟ところがあります。もう「神の世界」まで入ってくるかたちになるでしょう。「『○○よ、あれ！』と言えば、それがあ

●「スター・トレック」　宇宙を舞台にしたアメリカのＳＦテレビドラマ・映画シリーズ。1966年の放映開始以来、多数のエピソードが制作されている。

る」という世界であり、造物主の世界まで入らないといけなくなるでしょう。

映画の世界であれば、簡単に結論へ飛んでしまいますが、実際には、光からジュースをつくるよりは、途中《とちゅう》に何か経過措置《そち》のあるほうが普通《ふつう》でしょう。

例えば、「光を当てることで、原料になるような植物を育てて、それをジュースに変える」ということであれば、順当な措置であり、縁起《えんぎ》の理法《りほう》にも適っていると思うのですが、光そのものをジュースに変えて飲むのであれば、それは、わざわざ飲まなくてもよいのではないでしょうか。つまり、「光そのものを胃袋《いぶくろ》に当てたら、そこで食料に変わる」ということでもよいので、その考え方にはやや〝ワープ〟があるかもしれません。

確かに、光エネルギーは、万物《ばんぶつ》のエネルギーの源《みなもと》であるので、「どのようにして熱量を物質化したかたちで補完《ほかん》し、実体化させるか」という問題だろうとは思います。

確かに、地球の生き物や食料のもとは、すべて太陽の光からできています。太陽の光と水で、ほとんどの原材料ができていると思うのです。そういう意味では、「光さえあれば、いろいろなものがつくれる」ということは、そのとおりなのでしょうが、やはり、「触媒《しょくばい》機能として何を使うか」という問題はあるような気がします。

「光の色」について研究の余地がある植物工場

大川隆法　「太陽の光を受けたら、植物がジュースに変わる」というのはよいとしても、ジュースであれば、「何のジュースになるのか」ということも問われるでしょう。「オレンジジュースか、パイナップルジュースか、何々ジュースか」ということがあるわけです。

単に味覚を騙《だま》すのであればできないことはありませんが、同じようなものをつくるのなら、やはり、果物《くだもの》類の促成栽培《そくせいさいばい》を進めるような効果を持たせることが大事でしょう。

このようなことは、今、植物工場でも行われていると思います。「何色の光を、どのくらい照射したら育ちがよいか。味がよいか」という研究はたぶんされていることでしょう。

これについては、まだまだ研究の余地は残っていると思います。おそらく、「光の色や照射時間によって、出来が違《ちが》う」というようなことがあるはずです。それによって、味を変えることも可能ではないでしょうか。

植物工場
天候条件に大きな影響を受けざるをえない従来の屋外農業に革新をもたらした生産技術。屋内の人工光と水耕栽培により、清潔で安定的な生産を実現。（『「経営成功学」とは何か』〔幸福の科学出版〕参照）

消費を減らす「エネルギーの再循環《じゅんかん》システム」をつくる

大川隆法　もし、長い時間、宇宙を漂流《ひょうりゅう》するような場合には、人工冬眠《とうみん》的なものに入る必要があるでしょう。そうであれば食べなくてもよいですし、エネルギー消費がなければ死なないでいることも可能かもしれません。ただ、エネルギー消費を極力《きょくりょく》減らす方法や、エネルギーを再循環《じゅんかん》させる方法を使えば、もう少し楽にはなるのではないでしょうか。

要するに、「行ったきりにしてしまわない」ということです。エネルギーの再循環システムをつくっていくことによって、エネルギーのリサイクルをどんどんしていけば、確かに消費は減っていきますし、老廃物《ろうはいぶつ》も減っていきますので、可能性としては、そういうこともあるかもしれません。

例えば、宇宙旅行をするにしても、人間から出される老廃物などが、いちばん処理に困るものでしょう。確かに、地上の食べ物を食べているときのような味覚があると、同じようなものがなければ少しさみしいところもありますが、「カプセルを一個か二個飲めば、それで生きていける」というようになれば、老廃物を非常に減らすことができるわけです。そういうことはあると思います。

エネルギーをそこまで原子還元《かんげん》していくと、本当は、どれも同じものに戻《もど》っていきます。同じであるものが、その結びつきによっては、体に栄養があるように感じられて機能し、生命を育《はぐく》む力になるわけです。

本当のことを言えば、この不思議なシステムそのものは、科学的にもよく解明できていないのです。

「宗教的な秘術」「魔術《まじゅつ》」は科学的研究の対象になるか

大川隆法　確かに、すべては光から出ているものかもしれませんし、さまざまな元素も、もとをただせば一つのものである可能性が高いのです。「その『一つのもの』が、どのような配合をすれば、一定の特徴《とくちょう》を持つか」ということなのでしょう。

昔、鉛《なまり》から金《きん》をつくろうとした「錬金術《れんきんじゅつ》」がありましたが、それは、原理的には可能性があると思います。

ただ、この地上で生活している者には、「途中過程」というものが必要になってきます。「縁起の理法の原因・条件・結果、また、結果から来るところの作用」というものが循環して、相互《そうご》に影響《えいきょう》し合っているので、そういうプロセスのところをまったく抜《ぬ》きにして、「原因は即《そく》結果である」というところまで〝飛べる〟かどうかは、大きな問題ではあるでしょう。

「原因は即結果である」というかたちにまで持っていく場合、それが科学的研究の対象になるかどうかは分かりませんが、「宗教的な秘術」や「魔術《まじゅつ》」のなか

●縁起の理法　「因」(原因)と「縁」(条件)によって「果」(結果)が現れるという法則が示された、仏教の中心思想の一つ。

にはそういうものもあります。

「騙《だま》されている」という説が有力なサイババの物質化現象

大川隆法　インドのサイババが非常に有名だったころ、〝サイババ詣《もう》で〟をしている日本人がかなりいましたが、騙《だま》されていた可能性もあったのではないでしょうか。

幸福の科学の最初期、六畳《ろくじょう》の事務所を開いた方はヨガの先生だったのですが、私のところで活動を始める前は、〝サイババ詣で〟をしていたようです。

「サイババのところへ行くと、サイババのモジャモジャ頭の写真が置いてあり、しばらくすると、そこからカビのような物質が出てきてたくさん広がっていき、だん

サイババ（1926 ～ 2011）
インドの霊的指導者。「物質化現象」等の奇跡を起こすとして有名になったが、その信憑性を疑問視する声も数多くある。

だんだん増えていくのです。あのように物質化していくのが不思議だった」と言っていました。

ただ、これについては、どうやら空中の成分を吸い寄せて結晶化《けっしょう》していく薬品があるらしく、それを分からない人が騙されているという説が有力であり、私がインドへ行ったときにも、ガイドからそういう説明を受けました。「日本人が次々と騙されて、あそこへ行っているけれども、バカなことだ。あれは、薬品によって出せるようになっているのに、空中から物が出てくると思っている」と言われたのです。

さらにもう一つ、そのヨガの先生は、「永遠に出続けるハチミツ」というものを持っていて、「サイババのところで頂いたもの」と言っていました。小さじ付きの小さな陶器《とうき》の入れ物があり、それにハチミツが入っていたのですが、「このハチミツは舐《な》めても舐めても出続ける」と言うわけです。

これは、まことに不思議な話なので、私には、どういう理由でそうなるのか分かりませんでしたが、本当に、物品引き寄せ風に空中からハチミツが集められるのであれば、まことにありがたい話です。「サイババのところではなく、日本の西荻《にしおぎ》でスプーンからハチミツが湧《わ》いてくる」というのは、まことに不思議なことでしょう。

「その理由はいったい何なのか」というところまでは、解明できなかったため、そのときは、「へえ？　なんでだろう」とだけ言っておきました。

ハチミツにも、いちおう化学成分はあるはずなので、空中から降って湧いてくるはずはありません。

したがって、「当人が嘘《うそ》をついている」という場合が、いちばん可能性としては高いでしょう。

二番目には、当人が、「ハチミツが湧いてくる」と信じているため、その人のお手伝いをしている人が、せっせとハチミツを供給していた可能性もあります。

三番目の可能性としては、「サイババ詣でをしたときに、向こうで集団催眠術《さいみんじゅつ》をかけられていて、夜中に無意識のうちに冷蔵庫からハチミツを取り出してはそこに垂《た》らしている。それから、部屋に戻って寝《ね》ている」というようなこともないとは言えません。

そのあたりのことについてはよく分かりませんし、私は、実際にハチミツが湧いてくるところまで見たわけではありません。ただ、その方は、「ハチミツがずっと出続けているんだ」と言っていました。

「スプーン曲げ」をしたとき、大天狗《てんぐ》の霊《れい》が来た

大川隆法　そのころは、「スプーン曲げ」や「フォーク曲げ」などが流行《はや》っている時代ではありました。その少し前の一九七〇年代に、ユリ・ゲラーがスプーン

●ユリ・ゲラー〈1946～〉イスラエル生まれの「超能力者」を名乗る人物。1970年代から日本のテレビ番組にも出演し、「スプーン曲げ」で有名になった。

曲げを有名にしてから、あちこちで、そういうことが起きるようになったわけです。

彼は、スプーン曲げやフォーク曲げをする様子を見せていましたが、「それなら」と思って、私もやってみると、次々と曲がったものができていったので、できないことはありませんでした。

それらが曲がったときに、「何が来て、曲げているのか」を調べてみると、石鎚山《いしづちさん》の大天狗《てんぐ》や、剣山《つるぎさん》の大天狗などの霊《れい》が来ていたため、法話《ほうわ》の際に、「天狗さんの霊指導《れいしどう》のようなので、いかがなものでしょうか」という話をしたことがあります。

ただ、それで効果があった部分もありました。

例えば、私の父親の善川三朗《よしかわさぶろう》が竹村健一《たけむらけんいち》氏と

『竹村健一・逆転の成功術』
（幸福の科学出版）

会う前、竹村氏は、生命保険会社を使って、うちを調べに来たことがあったのですが、向こうが、うさん臭《くさ》そうに様子を見にきたときに、私がグニャグニャに曲げた大きなフォークやスプーンなどを見せたら、「ヒエェーッ！」と言って、飛び上がっていたようなので、効果がないわけではなさそうです。

「これが人間業《にんげんわざ》でできると思うか」と、震《ふる》え上がったわけです。カレーを食べるような大きなスプーンなどがグニャグニャに曲がっているのを、一本一本見せられたら、やはりびっくりします。

要するに、念力《ねんりき》で曲げることができるのですが、そのときには、大天狗が来て一生懸命《いっしょうけんめい》に曲げていたので、あまり、正道《せいどう》ではないと思います。そのあとはやったことがありませんが、できないわけではありません。

「一足飛《いっそく》びに結論が出るような発明」は簡単にはできない

大川隆法　もし、空中からハチミツを出せるのであれば、ほかのものはどうでしょうか。

当時、サイババは、「空中からカレーを取り出して食べる」と言っていたので、「それはちょっと変だな」という感じがしました。空中からカレーを取り出して食べなくても、胃袋のなかへ入れてしまえば、それで終わりです。それなら、わざわざ空中からカレーを出す必要はありませんので、それは〝裏方《うらかた》さん〟がサッと出しているのではないでしょうか。

またサイババは「ビブーティ」という〝聖灰《せいはい》〟を出していました。壺《つぼ》を逆さまにして、そこに手を突《つ》っ込《こ》んで振《ふ》ると、幾《いく》らでも牛糞《ぎゅうふん》の灰が出続けるということをやっていましたが、それは、「壺の底に灰を固めてくっつけておくなどして、そこに手を入れて振ると、灰がたくさん降ってくる」ということでしょう。

それから、サイババから、いろいろな物をもらえることもあるのですが、人によっては製造番号付きのセイコーの時計が出てきたこともあるようです。そのようなことはありえないことであるので、たいていの場合、手品《てじな》も使っているのでしょう。サイババには手品的なものが多く、ストレートには信じがたいものです。

それはそれとして、光エネルギーがもとになって、あらゆるものができていることは事実ではあります。ただ、今のところ、地上界においては、何らかの媒介《ばいかい》がなければ成立はしにくいのではないかと考えています。

「光を有効的に使える方法」などはあるかもしれませんが、一足飛びに結論が出るような発明というものは、そんなに簡単にできるものではなく、たいていの場合には、今述べたような詐欺《さぎ》的なものやトリックなどが多いのではないかと思います。

5 「物理が苦手な人」へのアドバイス

「物理学」は自然にできるようにはならない

大川隆法　それから、質問では、「物理学が苦手な理系の人がたくさんいる」ということでしたが、物理学は自然にできるようにはなりません。これは、放置すればできないのが普通《ふつう》です。

物理学は、勉強しなければできるようにはなりません。基本的には、「ほかの科目との兼《か》ね合いで、ほかの科目に勉強時間を割《さ》かなければいけない人は、物理ができないままになる」ということかと思います。

難度が一定レベルを超《こ》えると分からなくなる

大川隆法　それから、「難度が一定レベルを超《こ》えたら、分からなくなる」ということもあるでしょう。これは数学でも同じであり、難易度が一定レベルを超えたら、全然、解けなくなるのです。

つまり、「易しい問題やセンター試験レベルの問題なら、ある程度、解けるけれども、グーッと難しくなると、全然、解ける人がいなくて、零点《れいてん》ばかり続出する」ということがあるわけです。

これは、どの世界でもそうではないでしょうか。ある程度の難度を超えれば、専門家のレベルを要求してきますので、好きでなければ、なかなか、そこまでは行かないですし、特に数学や物理に関しては、比較《ひかく》的早い時期、十代から二十代ぐらいに才能が出てくる場合が多いので、やはり、才能という面は多少あるかもしれません。

「究極の粒子《りゅうし》」の存在を明らかにしていた幸福の科学

大川隆法　ただ、この前、「フューチャー・エクスプレス」（毎月、幸福の科学の活動を映像で紹介《しょうかい》する会内コンテンツ）を観《み》ていたら、次のようなことに気づきました。

二〇一三年のノーベル物理学賞は、「ヒッグス粒子《りゅうし》」の研究をしたヒッグス氏●が受賞しましたが、これは、「ゴッドパーティクル」ともいわれる、〝神の素粒《そりゅう》子《し》〟です。このヒッグス粒子が存在することを、だいたい証明できたということで、二人の方が受賞したわけですが、その「フューチャー・エクスプレス」では、私が一九八〇年代に、本当の〝神の素粒子〟の存在を予言していたことを紹介していたのです。

●ピーター・ヒッグス〈1929 ～〉イギリスの理論物理学者。エディンバラ大学名誉教授。2013年にノーベル物理学賞を受賞。

そこでは、「物理学で見ている原子や電子よりも、もっと小さなもので、『霊《れい》子《し》』といわれるようなものが存在します。光そのものが、あの世の幽霊《ゆうれい》のように隠《かく》れてなくなったり、この世に現れたりするような素質を持っていて、そのような、もう一段、小さなものが存在するのです。仮に『霊子』と呼んでもよいでしょう」というようなことを言っていたわけです(『黄金の法』および『釈迦《しゃか》の本心』〔共に幸福の科学出版刊〕参照)。

これは、ゴッドパーティクル、ヒッグ

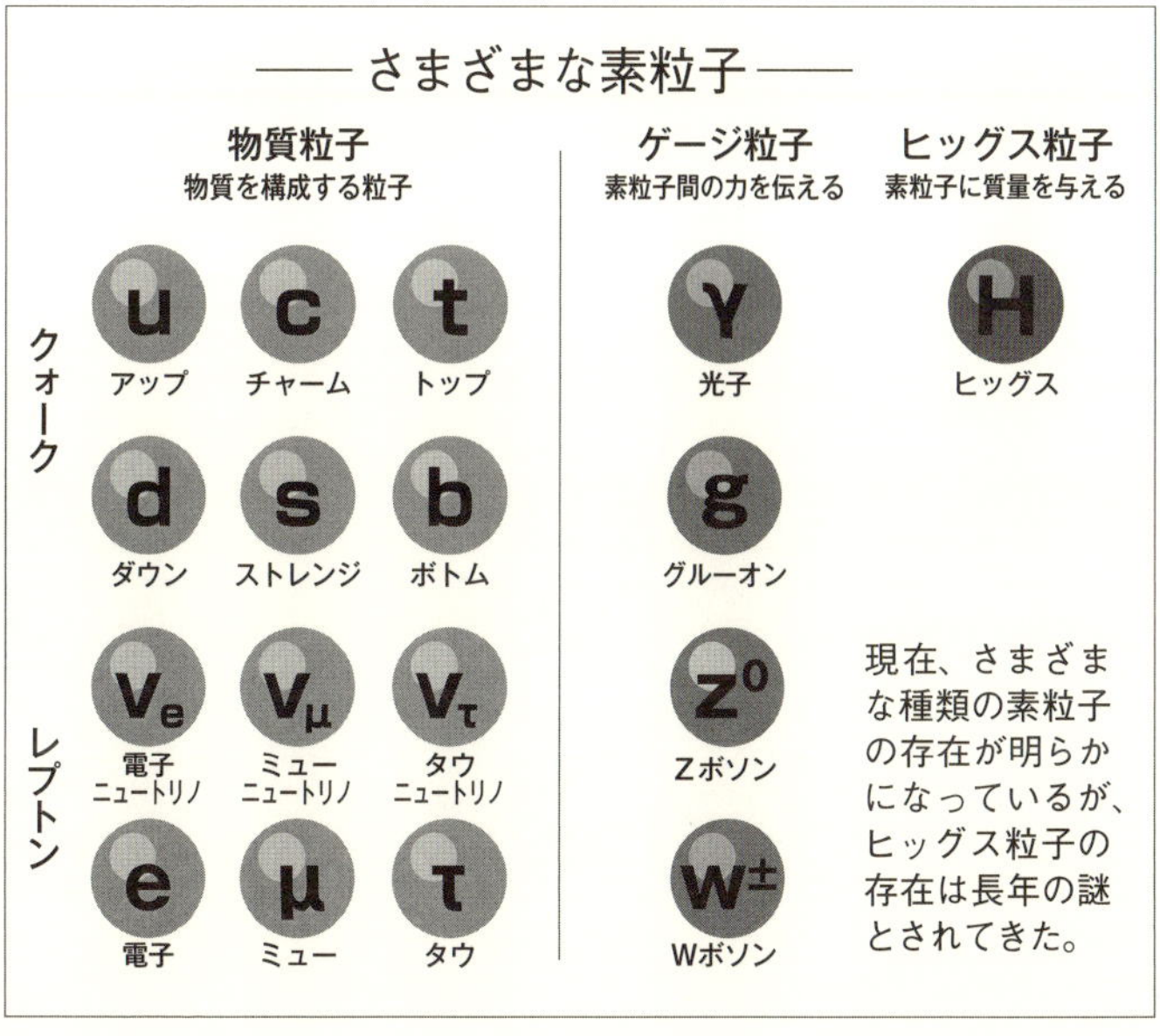

現在、さまざまな種類の素粒子の存在が明らかになっているが、ヒッグス粒子の存在は長年の謎とされてきた。

ス粒子の先にあるものでしょう。

要するに、私は、一九八〇年代に究極の粒子の存在を発表しているので、私がノーベル物理学賞を受賞しても構わないのですが、「実験装置を持っていないためにもらえない」ということになるわけです。

ただ、そのあたりの存在については分かってはいるのです。

物理学の最先端《さいせんたん》は「宗教」に似てくる

大川隆法　物理学では、確かに計算のところで躓《つまず》く人が多くいます。数学もそうでしょうが、難しくなっていくと分からなくなってくるのです。この点が難しい

物質の根源にある「霊子」の存在に言及

『釈迦の本心』
（幸福の科学出版）

『黄金の法』
（幸福の科学出版）

ところでしょう。

ただ、物理学の考え方自体は、最先端《さいせんたん》のほうまで行くと、宗教に似てくるため、そちらのほうで興味関心が持てるところを掘《ほ》っていくことはできるのではないかという気がします。

私は意外に、物理学者や数学者などが書いた文章や作品などをよく読んでいるほうなので、何となく彼らの感覚が分かるのです。何か一つのことを、ずっと考え続けて追い求めていき、この世的な雑事に紛《まぎ》れずに集中していく感覚がとてもよく分かるため、親近感を覚えています。

ニューヨーク時代に読んだ「湯川秀樹の自伝」

大川隆法　今日、幸福の科学の総合本部に出てくる前に、秘書が湯川秀樹の『旅人』という自伝の文庫本を用意してくれたため、それを見てみたら、私がニューヨーク時代に読んだもので、本の後ろに、「ニューヨークにて読了《どくりょう》」と書いてありました。そして、裏には「二ドル六十セント」という値札が貼《は》ってありました。

秘書から、「これは、値打ちものですね。『ニューヨークで読んだ』と書いてありますよ。このころは、ニューヨーク市立大学の大学院で国際金融《きんゆう》を学んでいたころではありませんか」と言われたので、「まあ、そのころでしょうね」と答えたわけです。

「国際金融を学びながら、物理学者の自伝を読んでいた」というのは、「とても暇《ひま》な人だな」という感じがしないわけでもあ

湯川秀樹（1907 ～ 1981）
理論物理学者。中間子論の研究でノーベル物理学賞を受賞。『目に見えないもの』『旅人 ある物理学者の回想』『天才の世界』等、専門分野にとどまらず、幅広い分野の著作を数多く発表している。

りませんが、関心を持っていたのでしょう。

数式が書けなくても「岡潔《おかきよし》博士の考え」は分かる

大川隆法　ここへ来る前に、その本を読んでみると、「●岡潔《おかきよし》先生という天才的な数学者がいて……」と書いてあったので、岡潔博士は、彼より先輩《せんぱい》なのでしょう。

私は、岡潔博士の全集も、大学の二、三年生ごろによく読んでいました。そのため、数学や物理学については、理論的に数式を書いたり、解明したりするようなことはできませんが、彼らの言っていること、考えていること自体は、何となくよく分かります。そのモヤモヤとした原初形態のような感覚、悟《さと》りを開く前のプロセスのような感覚は、何となく分か

岡潔（1901 ～ 1978）
数学者。多変数解析函数論の研究で多大な業績を残す。京都大学では湯川秀樹や朝永振一郎らに講義を行った。『春宵十話』『情緒の教育』『日本のこころ』等、名著多数。

るのです。

俳優の福山雅治《ふくやままさはる》さん演じる湯川准教授《じゅんきょうじゅ》であれば、それを数式でバーッと書き始めるのでしょうが、私には、あのような芸当ができませんので、「さすがに俳優は大したものだ」と思います。最近、「福山さんは、数式を暗記していて、見ないで書くことができるらしいが、キムタク（木村拓哉《きむらたくや》）はどうも書けないらしい」ということが分かりました。

「文学的才能」に恵《めぐ》まれた理科系の博士もいる

大川隆法　そういうところは、一定の〝修行《しゅぎょう》〟が必要ですし、「難度が上がるとできなくなる」ということは、私の子供でも〝実験済み〟です。「難度が上がったら、何度やってもできない」ということはあるので、しかたがないと思います。何かほかのところに才能がある場合には駄目《だめ》なこともあるのです。

ところが、恵《めぐ》まれた人の場合は、文系と理系の才能が両方あることもあります。例えば、湯川秀樹博士は文学的才能もあり、子供時代から「文学者にでもなるのではないか」と言われていましたし、実際に文学者顔負けの文章を書いていたのです。また、岡潔博士もきれいな文章を書いています。

最近では、お茶の水女子大学の名誉《めいよ》教授で数学者の藤原正彦《ふじわらまさひこ》氏などは、作家の新田次郎《にったじろう》と藤原《ふじわら》ていを両親に持ち、著作をそうとう書いています。

このように、両方の才能に恵まれる場合もあります。

ただ、いずれにしても、一定の修行期間をかけないかぎり、文学であろうと、数学であろうと、物理であろうと、目覚めることはないでしょう。

凡庸《ぼんよう》な頭で天才的な結果を出した「アインシュタインの謎《なぞ》」

大川隆法　あまりに突出《とっしゅつ》した巨大《きょだい》な才能になってくると、やはり、「恵《めぐ》み」があ

●藤原正彦〈1943 ～〉数学者。お茶の水女子大学名誉教授。エッセイストとしても知られ、著書に『若き数学者のアメリカ』『国家の品格』等がある。

る程度ないと無理です。その恵みの部分は「使命」かもしれません。

例えば、「アインシュタインが大学入試のレベルでは、必ずしも秀才《しゅうさい》でなかった」というあたりは、少し不思議な感じがします。

アインシュタインは、スイスのチューリッヒ工科大学を浪人《ろうにん》して入り、成績も比較的凡庸《ぼんよう》な成績で卒業しています。

しかし、その後、特許局に就職し、主要な論文は二十五歳《さい》までにほとんど完成しているので、「凡庸な頭から、なぜ天才的な結果が出たのか」については、「謎《なぞ》」としか言いようがありません。

アルベルト・アインシュタイン
(1879～1955)
ドイツの理論物理学者。光電効果の解明によってノーベル物理学賞を受賞。相対性理論の提唱者として知られ、「20世紀最大の物理学者」「原子力の父」といわれる。アインシュタインを輩出したチューリッヒ工科大学は、1855年に創設されたスイスの国立大学。

おそらく、彼は、既成《きせい》のシステム的なかたちで大学に入っていくような秀才にはならずに、自分の関心があるところだけを掘っていったのかもしれません。

アインシュタインのような人であっても、そうであったのであれば、私も数学や物理で負けないぐらいできたかもしれないと思うこともあるのですが、そのあとの結果を出せていませんので、やはり違《ちが》うのでしょう。

自分が惹《ひ》かれていくものに「才能」がある

大川隆法　最近では、愛媛《えひめ》生まれで徳島大学工学部を卒業し、青色発光ダイオードを発明して有名になった方がいました。●その特許をめぐって訴訟《そしょう》を起こし、会社から数百億円も支払《しはら》われることになりましたが、最後は、「日本的慣行《かんこう》に合わない」ということで、約六億円（延滞金を含めて約八億円）で和解したようです。
そのようなところから出てくる方もいるので、「何か特殊《とくしゅ》な才能が閃《ひらめ》いて出て

●**青色発光ダイオード訴訟**　青色発光ダイオードの開発・実用化を果たした元・日亜化学工業社員の中村修二氏が、同社に対し、発明の対価を求めた訴訟。

くる」ということもあるわけです。

このあたりの「才能のあるなし」についての判定は難しいことですし、教師との相性もあるでしょう。

ただ、基本的には、自分が惹《ひ》かれていくもののなかに才能があることのほうが多いのではないでしょうか。

日本的な秀才《しゅうさい》とは違《ちが》うスティーブ・ジョブズの成功

大川隆法　また、スティーブ・ジョブズの霊言《れいげん》（『公開霊言 スティーブ・ジョブズ 衝撃《しょうげき》の復活』〔幸福の科学出版刊〕参照）のなかでも話が出たと思いますが、ジョブズ自身は、親が正式な結婚《けっこん》をせずにできた子供であるので、里子《さとご》に出されています。そのときに、「大学へ行かせてほしい」という希望付きだったのですが、最初、「大学へ行かせてあげる」と言っていた弁護士夫妻は、「やっぱり女の子のほうがいい」と言い出したために、結局、ジョブズはもらってもらえず、車の修理工のような人のところにもらわれていってしまったわけです。

そこでも、「大学へ行かせてあげる」と言ってはいたのですが、アメリカの私立は高く、幸福の科学大学（二〇一五年開学予定）よりはるかに高い、三百万円とか五百万円とかいった授業料を取るのです。ジョブズはリード大学というところに入ってはみたものの、「どれも面白《おもしろ》くない」と感じて、数カ月でやめてしまいました。

そのあと、欧米圏《おうべいけん》の書道に当たるもの（カリグラフィー）だけには、〝潜《もぐ》り〟で通っていました。「それが、あとで『マッキントッシュ』などの開発に生きて

スティーブ・ジョブズ
（1955～2011）
アメリカの実業家。アップル社の創業者の一人。iPodなど、独創的な製品を次々と開発して大ヒットさせたカリスマ経営者。

『公開霊言 スティーブ・ジョブズ 衝撃の復活』
（幸福の科学出版）

きた」ということが、のちにスタンフォード大学で行った有名な講義のなかに出てきます。

この講義の一部は、私の『黒帯英語』シリーズ（宗教法人幸福の科学刊）のなかでも取り上げています。

このように、「〝アメリカン書道〟ぐらいしか使えなかった人が、あとでマッキントッシュなどをつくっていくときに、それを役立てた」というような場合もあるわけです。

能力がパーフェクトであったり、バランスが取れたりしていることは、日本的には秀才として望ましいことなのかもしれませんが、「能力

シンプルなデザインとスマートな操作性でコンピュータに革新をもたらしたアップル社のマッキントッシュ（写真左）。

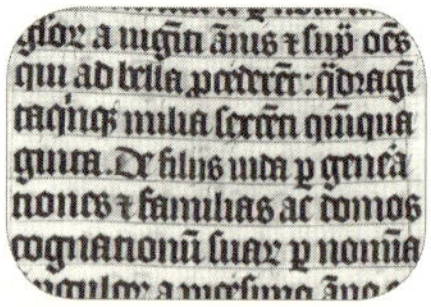

アルファベットを美しい装飾文字で綴るカリグラフィー（写真上）。

が半端《はんぱ》であり、何かにだけとんがっている」という者にも使い道がある場合もあるので、あまり早くに諦《あきら》めないほうがよいでしょう。

そのリード大学は、スタンフォード大学に負けないぐらい授業料が高い大学らしいのですが、「どのくらい難しいのか」についてはよく知りません。その大学において、「〝書道〟以外は、全部、ついていけなかった」ということなのかもしれませんが、そういう人でありながら、あれだけの世界的な企業《きぎょう》であるアップル社をつくっているわけです。

このアップル社は、二〇一二年に世界ナンバーワンの株式時価総額になっています。

「点と点を結べば、どこかで線ができる」という発想

大川隆法　したがって、「人生、そんな簡単に諦めたらいけない」と思います。

何でもよいから、少しでも才能の片鱗《へんりん》があれば、ほかのものに何か使えないかどうかを考えるべきでしょう。

ジョブズのような言い方をするならば、「点と点を結んでいけば、どこかで線ができることがある。点を打っているだけなのだが、どれかが、つながっていくことがあるのだ」ということです。

そのように、その〝点〟を結ぶことは大事だと思います。

私であれば、一九八三年の四月あたりに、ニューヨークのワールドトレードセンターのOCS書店で、湯川秀樹著の『旅人』を買って読んだ記録が本の後ろに書いてあるわけです。そこで打った〝点〟が、三十年後の今、ここで、『もし湯川秀樹博士が幸福の科学大学「未来産業学部長」だったら何と答えるか』という、もう一つ、別の〝点〟につながっているわけです。

ただ、「どの〝点〟が、どうつながってくるか」については、分からないところがあります。

将棋《しょうぎ》など、比較的早く才能が出る世界の人には、少し気の毒な面もありますが、一般《いっぱん》的には、「どういうときに、違ったかたちで才能が出て、何に転化するか」は分からないので、そのときどきに興味を感じたり、関心があったりするものについては、やってみたらよいのではないかと思います。

二百年前に「物理ができる人」はほとんどいなかった

大川隆法　物理には、才能も要《い》るかもしれませんが、実際にその学問が出てきたのは、ここ百年、二百年のことではあるので、「それ以前の人類に、その才能があったのか」と言えば、「なかった」と思われるのです。

つまり、二百年以上の昔であれば、物理ができる人などほとんどいなかったわけであり、ここしばらくの間に出てきたものではあるのです。

例えば、みな、ほかの学問をやめて、物理だけを勉強し始めれば、物理ができる人はもっとたくさん出てくるはずなので、〝時間のあんばい〟の問題はあるかと思います。アインシュタインあたりの人で、この百年間もなかなか抜《ぬ》けないでいる天才であるわけですから、何が幸いするかは分かりません。

天上界《てんじょうかい》のものを垣間《かいま》見てくる人が「天才」

大川隆法　「ビューティフル・マインド」という映画では、ナッシュという天才数学者が〝狂気《きょうき》の世界〟との間《あいだ》を行き来《き》しながら、数学的な発見をしていました。映画「グラディエーター」で筋肉ムキムキで体力派の演技をしたラッセル・クロウがその数学者を演じていましたが、例えば、少し方向を変えて、その数学者に与《あた》える〝素材〟を別なものにすれば、宗教家になれた可能性もあるでしょう。そういう人だと思います。

おそらく、純粋《じゅんすい》に数学のことばかりを考えているため、本当に心に曇《くも》りがなくなって〝素通《すどお》し〟になり、〝別の世界〟と同通《どうつう》していったところがあるのではないかと思うのです。そういう素質もあった方なのではないでしょうか。

そのように、どんな科目でも集中して勉強しているうちに、この世の世界から遊離《ゆうり》してくるわけです。そして、天上界《てんじょうかい》にある世界のもの、あるいは、未来に開示《かいじ》される予定のものを垣間《かいま》見てくることのできる人が出てきます。それを「天才」と呼んでいるのではないかと思うのです。

「一生懸命《いっしょうけんめい》に汗《あせ》を流し、昼も夜も寝《ね》ても覚めても考え続けている」という努力

ジョン・ナッシュ（1928～）
アメリカの数学者。「ゲーム理論」への功績でノーベル経済学賞を受賞。
（『「未来産業学」とは何か』〔幸福の科学出版〕参照）

をしているなかで、その天才のために、天上界で、白板《はくばん》に書かれた数式をチラッと見せてくれたり、未来を見せてくれたりする瞬間《しゅんかん》があるのではないでしょうか。

そのあたりを見失わないことが大事でしょう。

「中間子《ちゅうかんし》理論」とつながった湯川博士のエピソード

大川隆法　湯川博士は、もともとは東京の麻布《あざぶ》辺りの生まれですが、京都に引っ越《こ》しになり、二人の兄とよく、お寺で一緒《いっしょ》にかけっこをして遊んでいたそうです。兄たちは足が速いので走っても追いつけず、あるとき、転んで頭を打ってしまったのです。その瞬間、上を向いたまま、星が飛んでいるような世界を見てしまったそうです。要するに、マンガによく出てくるような、「頭を打って、星が飛ぶ」という感じでしょうか。

『旅人』のなかには、「昼間から無数の星が見えた。将来、中間子《ちゅうかんし》理論を考えついたとき、そのときの印象を思い出した」というようなことが書いてあったので、そういうこともあるかもしれません。

人生、何が役に立つかは分からない

大川隆法　人生において、誰《だれ》もがいろいろな経験をすると思います。各人には、突出した部分やえぐれた部分もあるでしょう。ただ、それぞれの自分の経験を大切にして守っていると、どこかで、それがつながってくることはあると思うのです。

私も、数学については、ある程度、勉強したのですが、最後まで、「どうしても数学は分かり切らないな」という気持ちがあり、「理論的、論理的に考える能力が少し足りないのではないか。法学部でリーガルマインド（法律的な思考）を磨《みが》けば、その弱点の部分を補強できるのではないか」と思って、法律の勉強をしたのです。

また、経済や経営などの勉強をしたり、宗教の勉強をしたりと、いろいろなことを行っていて、さまざまなものがバラバラに入ってきてはいるのですが、それらが次第《しだい》しだいにつながってき始めると、いつの間にか、幸福の科学大学ができあがってきたりするわけです。

そういう意味では、「人生、何が役に立つかは分からない」と思います。

また、必ずしも予定はしていなかったのですが、もし商社に入らなければ、英語もそんなには勉強しなかったでしょう。そして、それがなければ、今、英語の教材をつくって、みなさんを〝苦しめる〟ようなこともなかったのではないかと思います。

ところが、その経験があるため、「このくらいしなければ、使い物にならない」と知っており、「自分が苦しんだ分と同じぐらいのところまでは絞《しぼ》ってあげようか」という気持ちがあるわけです。つまり、現実に、どのくらいまで、日本人は英語ができないかということをよく知っているので、教えることができるのです。結局、「道を間違った」とか、「道に迷った」とか思っても、それを無駄にしないで大事にしておけば、あとでつながってくることがあるわけです。

かけた時間に比例して出てくる「才能」

大川隆法　いろいろ述べましたが、「物理ができない」ということで、あまり悩《なや》みすぎる必要はなく、そのなかで、できるところだけを探すことです。そして、どうしてもできないのであれば、ほかのところで得意なものを探していけばよいでしょう。物理学者でも小説家並みに文章がうまいところを見たら、ほかの職業でもできることがあると、十分に分かるのではないでしょうか。

「才能」というのは、やはり、かけた時間に比例して出てくる面があるようです。「中身が何か」によって出てくるものなので、無用な劣等感《れっとう》をあまり持ちすぎないほうがよいと思います。

「幸福の科学大学がどのくらいの難度か」については、私には分かりませんが、初期の難度はそんなに高くはないかもしれません。「チューリッヒ工科大学と比べて、勝てるかどうか」というあたりになってくると、よく分かりませんが、特許庁に就職できる程度の理科系力は、つけられないことはないと思います。

特許庁は、あまり仕事をしてくれません。どれもこれも、はねつけるような仕事ばかりしています。「すでに登録されているかどうか」「前例があるかどうか」「こういうやり方がよいかどうか」を見て、「ノー」と言うだけの仕事をたくさんしているので、それほどクリエイティブな仕事とは思えません。

みなさんも、何でも、スーッと成功すればよいと思われるかもしれませんが、人生は長くなってきているので、一直線に早く成功することが、必ずしも実りを多くするとは限らないでしょう。そのため、「ちょっとした脇道《わきみち》に入ることも、また役に立つことがあるかもしれない」と考えるのがよいかと思います。

あとがき

もはや人類は宇宙時代に突入している。

アメリカ映画が次々と繰《く》り出してくる宇宙映画にも、日本映画は追いつけないでいる。

関心の領域を広げることだ。夢に翼《つばさ》を与えることだ。理系で気をつけなくてはならないのは、唯物論、無神論にのめり込まないことだ。信仰の世界、神の世界の中でも、まだまだ発見されるべき数多くの秘密、宝が存在するのだ。

幸福の科学は、あくまでも未来産業に光を与え続ける宗教でありたいと思う。

夢の未来を設計してゆきたいものだ。

二〇一四年　二月二十五日

幸福《こうふく》の科学《かがく》グループ創始者兼総裁《そうししゃけんそうさい》

幸福《こうふく》の科学大学創立者《かがくだいがくそうりつしゃ》

大川隆法《おおかわりゅうほう》

『もし湯川秀樹博士が幸福の科学大学「未来産業学部長」だったら何と答えるか』

大川隆法著作関連書籍

『黄金の法』（幸福の科学出版刊）
『復活の法』（同右）
『未来にどんな発明があるとよいか』（同右）
『悟りの挑戦（下巻）』（同右）
『真実への目覚め』（同右）
『悟りの発見』（同右）
『「経営成功学」とは何か』（同右）
『釈迦の本心』（同右）
『「未来産業学」とは何か』（同右）

『湯川秀樹のスーパーインスピレーション』（同右）
『「特定秘密保護法」をどう考えるべきか』（同右）
『竹村健一・逆転の成功術』（同右）
『公開霊言 スティーブ・ジョブズ 衝撃の復活』（同右）

もし湯川《ゆかわ》秀樹《ひでき》博士《はかせ》が幸福《こうふく》の科学大学《かがくだいがく》
「未来《みらい》産業《さんぎょう》学部長《がくぶちょう》」だったら何《なん》と答《こた》えるか

2014年3月14日　初版第1刷

著　者　　大《おお》　川《かわ》　隆《りゅう》　法《ほう》

発行所　　幸福の科学出版株式会社

〒107-0052 東京都港区赤坂2丁目10番14号
TEL(03)5573-7700
http://www.irhpress.co.jp/

印刷・製本　株式会社 東京研文社

落丁・乱丁本はおとりかえいたします

ISBN978-4-86395-446-5 C0030

Photo: 読売新聞/アフロ／Kodansha/アフロ／AFP= 時事／Digital Globe／Green／NEON_ja／Grm wnr／Jaws Memories from Martha's Vineyard／Himalayan Academy Publications／財団法人 原子力安全技術センター／Peter Badge／Radiosai

大川隆法霊言シリーズ・最新刊

守護霊インタビュー
朴槿恵韓国大統領 なぜ、私は「反日」なのか

従軍慰安婦問題、安重根記念館、告げ口外交……。なぜ朴槿恵大統領は反日・親中路線を強めるのか？ その隠された本心と驚愕の魂のルーツが明らかに！

1,500円

魅せる技術
女優・菅野美穂 守護霊メッセージ

どんな役も変幻自在に演じる演技派女優・菅野美穂――。人を惹きつける秘訣や堺雅人との結婚秘話など、その知られざる素顔を守護霊が明かす。

1,400円

日本よ、国家たれ！
元台湾総統 李登輝守護霊 魂のメッセージ

「歴史の生き証人」李登輝・元台湾総統の守護霊が、「日本統治時代の真実」と「先の大戦の真相」を激白！ その熱きメッセージをすべての日本人に。

1,400円

大川隆法 ベストセラーズ・未来への進むべき道を指し示す

忍耐の法

「常識」を逆転させるために

第1章　スランプの乗り切り方
——運勢を好転させたいあなたへ

第2章　試練に打ち克つ
——後悔しない人生を生き切るために

第3章　徳の発生について
——私心を去って「天命」に生きる

第4章　敗れざる者
——この世での勝ち負けを超える生き方

第5章　常識の逆転
——新しい時代を拓く「真理」の力

2,000円

法シリーズ第20作

人生のあらゆる苦難を乗り越え、夢や志を実現させる方法が、この一冊に——。混迷の現代を生きるすべての人に贈る待望の「法シリーズ」第20作!

「正しき心の探究」の大切さ

靖国参拝批判、中・韓・米の歴史認識……。「真実の歴史観」と「神の正義」とは何か を示し、日本に立ちはだかる問題を解決する、2014年新春提言。

1,500円

※表示価格は本体価格(税別)です。

大川隆法ベストセラーズ・「幸福の科学大学」が目指すもの

新しき大学の理念

「幸福の科学大学」がめざす
ニュー・フロンティア

2015 年、開学予定の「幸福の科学大学」。日本の大学教育に新風を吹き込む「新時代の教育理念」とは? 創立者・大川隆法が、そのビジョンを語る。

1,400 円

「経営成功学」とは何か

百戦百勝の新しい経営学

経営者を育てない日本の経営学 !? アメリカをダメにした MBA――!? 幸福の科学大学の「経営成功学」に託された経営哲学のニュー・フロンティアとは。

1,500 円

「人間幸福学」とは何か

人類の幸福を探究する新学問

「人間の幸福」という観点から、あらゆる学問を再検証し、再構築する――。数千年の未来に向けて開かれていく学問の源流がここにある。

1,500 円

「未来産業学」とは何か

未来文明の源流を創造する

新しい産業への挑戦――「ありえない」を、「ありうる」に変える! 未来文明の源流となる分野を研究し、人類の進化とユートピア建設を目指す。

1,500 円

大川隆法 ベストセラーズ・「幸福の科学大学」が目指すもの

幸福の科学の基本教義とは何か

真理と信仰をめぐる幸福論

進化し続ける幸福の科学── 本当の幸福とは何か。永遠の真理とは？ 信仰とは何なのか？ 総裁自らが説き明かす未来型宗教を知るためのヒント。

1,500 円

比較宗教学から観た「幸福の科学」学・入門

性のタブーと結婚・出家制度

同性婚、代理出産、クローンなど、人類の新しい課題への答えとは？ 未来志向の「正しさ」を求めて、比較宗教学の視点から、仏陀の真意を検証する。

1,500 円

「現行日本国憲法」をどう考えるべきか

天皇制、第九条、そして議院内閣制

憲法の嘘を放置して、解釈によって逃れることは続けるべきではない── 。現行憲法の矛盾や問題点を指摘し、憲法のあるべき姿を考える。

1,500 円

恋愛学・恋愛失敗学入門

恋愛と勉強は両立できる？ なぜダメンズと別れられないのか？ 理想の相手をつかまえるには？ 幸せな恋愛・結婚をするためのヒントがここに。

1,500 円

※表示価格は本体価格（税別）です。

大川隆法霊言シリーズ・創造性の秘密に迫る

未来産業のつくり方

公開霊言　豊田佐吉・盛田昭夫

夢の未来を、創りだせ——。日本経済発展を牽引したトヨタとソニーの創業者が、不況にあえぐ日本経済界を叱咤激励。

1,400円

井《い》深《ぶか》大《まさる》「ソニーの心」

日本復活の条件

「日本のものづくり」を、このままでは終わらせはしない！　ソニー神話を打ち立てた創業者・井深大が、日本産業界に起死回生のアドバイス。

1,400円

公開霊言
スティーブ・ジョブズ
衝撃の復活

世界を変えたければ、シンプルであれ。そしてクレイジーであれ。その創造性によって世界を変えたジョブズ氏が、霊界からスペシャル・メッセージ。

英語霊言
日本語訳付き

2,700円

幸福の科学出版

幸福の科学大学の魅力

1 夢にチャレンジする大学

今世《こんぜ》の「使命」と「志《こころざし》」の発見をサポートし、学生自身の個性や強みに基づいた人生計画の設計と実現への道筋を明確に描きます。

2 真の教養を身につける大学

仏法真理を徹底的に学びつつ心の修行を重ね、魂の器《うつわ》を広げます。仏法真理を土台に、正しい価値判断ができる真の教養人を目指します。

3 実戦力を鍛える大学

実戦《じっせん》レベルまで専門知識を高め、第一線で活躍するリーダーと交流を持つことによって、現場感覚や実戦力を鍛《きた》え、成果を伴《ともな》う学問を究《きわ》めます。

4 世界をひとつにする大学

自分の意見や考えを英語で伝える発信力を身につけ、宗教や文化の違いを越えて、人々を魂レベルで感化《かんか》できるグローバル・リーダーを育てます。

5 未来を創造する大学

未来社会や未来産業の姿を描き、そこから実現に必要な新発見・新発明を導き出します。過去の思想や学問を総決算し、新文明の創造を目指します。

校舎棟の正面

学生寮

大学完成イメージ

Noblesse《ノーブレス》 Oblige《オブリージ》 「高貴なる義務」を果たす、「真のエリート」を目指せ。

幸福の科学学園
中学校・高等学校（那須本校）

Happy Science Academy Junior and Senior High School

私は、
教育が人間を創ると
信じている一人である。
若い人たちに、
夢とロマンと、精進、
勇気の大切さを伝えたい。
この国を、全世界を、
ユートピアに変えていく力を
出してもらいたいのだ。

（幸福の科学学園 創立記念碑より）

幸福の科学学園 創立者
大川隆法

幸福の科学学園（那須本校）は、幸福の科学の教育理念のもとにつくられた、男女共学、全寮制の中学校・高等学校です。自由闊達な校風のもと、「高度な知性」と「徳育」を融合させ、社会に貢献するリーダーの養成を目指しており、2014年4月には開校四周年を迎えます。

Noblesse《ノーブレス》 Oblige《オブリージ》

「高貴なる義務」を果たす、
「真のエリート」を目指せ。

2013年 春 開校

幸福の科学学園
関西中学校・高等学校

Happy Science Academy
Kansai Junior and Senior High School

私は日本に
真のエリート校を創り、
世界の模範としたい
という気概に満ちている。
『幸福の科学学園』は、
私の『希望』であり、
『宝』でもある。
世界を変えていく、
多才かつ多彩な人材が、
今後、数限りなく
輩出されていくことだろう。
（幸福の科学学園関西校 創立記念碑より）

幸福の科学学園 創立者
大川隆法

滋賀県大津市、美しい琵琶湖の西岸に建つ幸福の科学学園（関西校）は、男女共学、通学も入寮も可能な中学校・高等学校です。発展・繁栄を校風とし、宗教教育や企業家教育を通して、学力と企業家精神、徳力を備えた、未来の世界に責任を持つ「世界のリーダー」を輩出することを目指しています。

幸福の科学学園・教育の特色

「徳ある英才」の創造

教科「宗教」で真理を学び、行事や部活動、寮を含めた学校生活全体で実修して、ノーブレス・オブリージ(高貴なる義務)を果たす「徳ある英才」を育てていきます。

体育祭

天分を伸ばす「創造性教育」

教科「探究創造」で、偉人学習に力を入れると共に、日本文化や国際コミュニケーションなどの教養教育を施すことで、各自が自分の使命・理想像を発見できるよう導きます。さらに高大連携教育で、知識のみならず、知識の応用能力も磨き、企業家精神も養成します。芸術面にも力を入れます。

探究創造科発表会

一人ひとりの進度に合わせた「きめ細やかな進学指導」

熱意溢れる上質の授業をベースに、一人ひとりの強みと弱みを分析して対策を立てます。強みを伸ばす「特別講習」や、弱点を分かるところまでさかのぼって克服する「補講」や「個別指導」で、第一志望に合格する進学指導を実現します。

授業の様子

自立心と友情を育てる「寮制」

寮は、真なる自立を促し、信じ合える仲間をつくる場です。親元を離れ、団体生活を送ることで、縦・横の関係を学び、力強い自立心と友情、社会性を養います。

毎朝夕のお祈りの時間

幸福の科学学園の進学指導

1 英数先行型授業

受験に大切な英語と数学を特に重視。「わかる」（解法理解）まで教え、「できる」（解法応用）、「点がとれる」（スピード訓練）まで繰り返し演習しながら、高校三年間の内容を高校二年までにマスター。高校二年からの文理別科目も余裕で仕上げられる効率的学習設計です。

2 習熟度別授業

英語・数学は、中学一年から習熟度別クラス編成による授業を実施。生徒のレベルに応じてきめ細やかに指導します。各教科ごとに作成された学習計画と、合格までのロードマップに基づいて、大学受験に向けた学力強化を図ります。

3 基礎力強化の補講と個別指導

基礎レベルの強化が必要な生徒には、放課後や夕食後の時間に、英数中心の補講を実施。特に数学においては、授業の中で行われる確認テストで合格に満たない場合は、できるまで徹底した補講を行います。さらに、カフェテリアなどでの質疑対応の形で個別指導も行います。

4 特別講習

夏期・冬期の休業中には、中学一年から高校二年まで、特別講習を実施。中学生は国・数・英の三教科を中心に、高校一年からは五教科でそれぞれ実力別に分けた講座を開講し、実力養成を図ります。高校二年からは、春期講習会も実施し、大学受験に向けて、より強化します。

5 幸福の科学大学（仮称・設置認可申請予定）への進学

二〇一五年四月開学予定の幸福の科学大学への進学を目指す生徒を対象に、推薦制度を設ける予定です。留学用英語や専門基礎の先取りなど、社会で役立つ学問の基礎を指導します。

授業の様子

詳しい内容、パンフレット、募集要項のお申し込みは下記まで。

幸福の科学学園 関西中学校・高等学校

〒520-0248
滋賀県大津市仰木の里東2-16-1
TEL.077-573-7774
FAX.077-573-7775
[公式サイト]
www.kansai.happy-science.ac.jp
[お問い合わせ]
info-kansai@happy-science.ac.jp

幸福の科学学園 中学校・高等学校

〒329-3434
栃木県那須郡那須町梁瀬 487-1
TEL.0287-75-7777
FAX.0287-75-7779
[公式サイト]
www.happy-science.ac.jp
[お問い合わせ]
info-js@happy-science.ac.jp

仏法真理塾

サクセスNo.1

未来の菩薩を育て、仏国土ユートピアを目指す！

仏法真理塾「サクセスNo.1」とは

宗教法人幸福の科学による信仰教育の機関です。信仰教育・徳育にウエイトを置きつつ、将来、社会人として活躍するための学力養成にも力を注いでいます。

サクセスNo.1 東京本校（戸越精舎内）

「サクセスNo.1」のねらいには、「仏法真理と子どもの教育面での成長とを一体化させる」ということが根本にあるのです。

大川隆法総裁　御法話『サクセスNo.1』の精神」より

仏法真理塾「サクセスNo.1」の教育について

信仰教育が育む健全な心

御法話拝聴や祈願、経典の学習会などを通して、仏の子としての「正しい心」を学びます。

学業修行で学力を伸ばす

忍耐力や集中力、克己心を磨き、努力によって道を拓く喜びを体得します。

法友との交流で友情を築く

塾生同士の交流も活発です。お互いに信仰の価値観を共有するなかで、深い友情が育まれます。

●サクセスNo.1は全国に、本校・拠点・支部校を展開しています。

校舎	TEL	FAX
東京本校	TEL.03-5750-0747	FAX.03-5750-0737
名古屋本校	TEL.052-930-6389	FAX.052-930-6390
大阪本校	TEL.06-6271-7787	FAX.06-6271-7831
京滋本校	TEL.075-694-1777	FAX.075-661-8864
神戸本校	TEL.078-381-6227	FAX.078-381-6228
西東京本校	TEL.042-643-0722	FAX.042-643-0723
札幌本校	TEL.011-768-7734	FAX.011-768-7738
福岡本校	TEL.092-732-7200	FAX.092-732-7110
宇都宮本校	TEL.028-611-4780	FAX.028-611-4781
高松本校	TEL.087-811-2775	FAX.087-821-9177
沖縄本校	TEL.098-917-0472	FAX.098-917-0473
広島拠点	TEL.090-4913-7771	FAX.082-533-7733
岡山拠点	TEL.086-207-2070	FAX.086-207-2033
北陸拠点	TEL.080-3460-3754	FAX.076-464-1341
大宮拠点	TEL.048-778-9047	FAX.048-778-9047

全国支部校のお問い合わせは、
サクセスNo.1 東京本校（TEL. 03-5750-0747）まで。

メール info@success.irh.jp

エンゼルプランV

信仰教育をベースに、知育や創造活動も行っています。

信仰に基づいて、幼児の心を豊かに育む情操教育を行っています。また、知育や創造活動を通して、ひとりひとりの子どもの個性を大切に伸ばします。お母さんたちの心の交流の場ともなっています。

TEL 03-5750-0757　FAX 03-5750-0767
メール angel-plan-v@kofuku-no-kagaku.or.jp

ネバー・マインド

不登校の子どもたちを支援するスクール。

「ネバー・マインド」とは、幸福の科学グループの不登校児支援スクールです。「信仰教育」と「学業支援」「体力増強」を柱に、合宿をはじめとするさまざまなプログラムで、再登校へのチャレンジと、進路先の受験対策指導、生活リズムの改善、心の通う仲間づくりを応援します。

TEL 03-5750-1741　FAX 03-5750-0734
メール nevermind@happy-science.org

ユー・アー・エンゼル！（あなたは天使！）運動

障害児の不安や悩みに取り組み、ご両親を励まし、勇気づける、障害児支援のボランティア運動です。学生や経験豊富なボランティアを中心に、全国各地で、障害児向けの信仰教育を行っています。保護者向けには、交流会や、医療者・特別支援教育者による勉強会、メール相談を行っています。

TEL 03-5750-1741　FAX 03-5750-0734
メール you-are-angel@happy-science.org

シニア・プラン21

生涯反省で人生を再生・新生し、希望に満ちた生涯現役人生を生きる仏法真理道場です。週1回、開催される研修には、年齢を問わず、多くの方が参加しています。現在、全国8カ所（東京、名古屋、大阪、福岡、新潟、仙台、札幌、千葉）で開校中です。

東京校 TEL 03-6384-0778　FAX 03-6384-0779
メール senior-plan@kofuku-no-kagaku.or.jp